Johannes Galli

Die sieben Kellerkinder®

Erster Band: Die Entdeckung der Kraftquelle

Galli

Das vollständige Verlagsprogramm des Galli Verlags können Sie im Internet unter http://www.galli.de nachlesen.

ISBN 3-926032-80-4
1. Auflage 1999

Galli Verlag
Haslacher Str. 15
D-79115 Freiburg
Tel 0761/40 007-0
Fax 0761/40 007-33
eMail: galli.verlag@t-online.de

Umschlaggestaltung: Hugo Waschkowski
Fotos: Georg Nemec

Inhalt

Vorwort des Autors.

Seit Jahren ergießt sich in den Sachbuchmarkt eine nicht enden wollende Flut von Büchern, die allerlei Anleitungen vielversprechend anbieten. Da gibt es die Anleitung zum Erfolg, zur Gesundheit, zur Schönheit und schließlich auch die Anleitung zur Erleuchtung, die die Leserin oder der Leser innerhalb kürzester Zeit durch Lektüre des Buches erleben kann, wenn man der schwungvollen Ankündigung auf dem Umschlag glauben soll.

Diese Zeiterscheinung zeigt, trotz aller Bedenken, die angebracht sind, ein stetig wachsendes Bedürfnis des Menschen, über sich selbst nachzudenken und Mittel und Wege kennenzulernen, um sich aus eigener Kraft zu ändern.

Jede oder jeder, die oder der die Arbeit an sich selbst begonnen hat und es ehrlich meint, bemerkt allerdings sehr schnell, wie schwer es ist, den eigenen Charakter entscheidend zu verändern. Wenn sich einmal ein Charakterfehler eingenistet hat, so ist er nur sehr schwer zu erfassen und ebenso schwer zu korrigieren. So können diese bunten und griffig aufgemachten Bücher, die sich immer weiter ausbreiten, auch keine ernsthafte Methode anbieten, sich selbst nachhaltig zu verändern, da sie oft zwar gute und kompetente Ratschläge geben, aber kaum Hinweise auf Mittel und Wege zur wirksamen Selbsterforschung.

Diese Bücher sind genauso wertvoll wie der gutgemeinte Ratschlag, den der Arzt dem hustenden Patienten gibt, wenn er sagt: "Hören Sie auf zu rauchen!" Der Patient versucht genau dies schon seit Jahren, doch trotz aller redlichen Willens- und Verstandesanstrengungen widersetzt sich etwas in ihm, das ihn immer wieder überrumpelt und ihm

während eines unbewachten Augenblicks eine Zigarette in den Mund steckt. Solange er nicht erkennt, was ihn da immer wieder überrumpelt, wird er keinen Fortschritt erzielen können.
Es war mein Ziel, eine Methode zu schaffen, die es der Anwenderin und dem Anwender ermöglicht, genau das zu erfassen, beschreibbar und begreifbar zu machen, wer oder was das ist, was einen immer wieder überrumpelt. So ist meine Methode "Die sieben Kellerkinder®" die Antwort auf die Frage, wie man das in sich selbst erfassen kann, das einen im Alltäglichen genau immer dann überrumpelt, wenn man sich nicht überrumpeln lassen will, und das dafür verantwortlich ist, daß man immer woanders hinkommt, als dahin, wo man ursprünglich hinwollte.
Das Buch "Die sieben Kellerkinder® - Erster Band: Die Entdeckung der Kraftquelle" ist unbedingt als Arbeitsbuch zu verstehen und soll die Leserin und den Leser langsam und behutsam an die eigenen Kellerkinder heranführen. Nach meiner Erfahrung ist es sehr hilfreich und wirkungsvoll, die im Übungsteil gestellten Fragen in Form eines Tagebuches zu beantworten. Zum einen schärft und diszipliniert dies die Beobachtungsfähigkeit, zum anderen wird durch die verschieden datierten Eintragungen Wachstum sichtbar.
Um die Übungen aus dem letzten Kapitel "Spiel der Kellerkinder" sinnvoll durchführen zu können, empfehle ich die CD "Die sieben Kellerkinder®" aus meiner Reihe "Die sieben Tanzmeditationen" (siehe S. 101) immer wieder "durchzutanzen".
Hinweis: Das vorliegende Galli Script "Die sieben Kellerkinder® - Erster Band: Die Entdeckung der Kraftquelle" entspricht den gleichnamigen Kapiteln aus "GAME - Die Galli Methode®" (2.6.0. - 2.6.4, siehe Seite 102).

Einleitung.

Wer sich heute daran macht, Menschen in bestimmte Typen einzuordnen, der muß mit heftigem Widerstand rechnen, denn der Mensch sträubt sich dagegen, "in eine Schublade eingeordnet zu werden", wie er selbst es nennt. Die Individualität und vollständige persönliche Freiheit sind vor allem für Menschen aus dem europäischen Kulturraum ein allerhöchstes Gut. Dem steht natürlich eine Klassifizierung in verschiedene "Menschentypen" diametral entgegen, und jegliche Art von Einordnung in ein System wird deswegen strikt abgelehnt. Und doch ist der Mensch sehr neugierig, wenn er in Illustrierten von verschiedenen Männertypen oder Frauentypen hört. Auch liest er sehr gerne sein Horoskop in allerlei Zeitschriften, wo er scheinbar interessante Neuigkeiten über seinen Charakter erfährt.

Der Mensch sträubt sich dagegen, "in eine Schublade eingeordnet zu werden"

Und doch ist der Mensch sehr neugierig, etwas über verschiedene Männertypen und Frauentypen zu hören

In diesem Spannungsfeld war es für mich nicht einfach, ein System zu entwickeln, das sowohl Anhaltspunkte für Ähnlichkeiten in der individuellen Vielfalt des menschlichen Charakters erfaßt, als auch die Freiheit der persönlichen Entwicklung unangetastet läßt. Jeder Mensch ist natürlich eine Persönlichkeit mit einer ganz individuellen Entwicklungsgeschichte, die ihn prägt. Es steht ihm frei, diese Prägungen zu nutzen, um sich optimal zu gestalten oder unbewußt an ihnen zu leiden, weil sie die Erfüllung seiner Wünsche verhindern. Die Möglichkeiten, mit Prägungen umzugehen, sind vielfältig. Aber trotz aller Individualität, die jeder Mensch empfindet, gibt es ähnliche, immer wiederkehrende Grundstrukturen, die sich so deutlich bei einer Vielzahl von individuell geprägten Cha-

Jedem Menschen steht es frei, seine Prägungen zu nutzen oder an ihnen zu leiden

rakteren aufdrängen, daß man durchaus von einem den Charakter prägenden Typ sprechen kann. Es mußte also möglich sein, menschliche Erscheinungsformen in eine überschaubare Anzahl von "Typen" zusammenzufassen.

Schließlich ist es mir gelungen, ein Modell zu entwickeln, das beiden menschlichen Grundzügen Rechnung trägt. Nach und nach entdeckte ich sieben verschiedene Energiemuster, die jeder Mensch in sich beherbergt und die er je nach der momentanen Situation aktiviert, um diese optimal zu meistern. Im folgenden Bild sei erklärt, was ich unter Energiemuster verstehe.

Jeder Mensch beherbergt sieben Energiemuster in sich

Der menschliche Gefühlsstrom ist vergleichbar mit einem Fluß

Wenn man sich den menschlichen Gefühlsstrom ganz naheliegend als einen Fluß vorstellt, den der Mensch selbst lenken kann, dann bestehen für einen Menschen mehrere Möglichkeiten, diesen Fluß zu gestalten. Einmal lenkt er ihn in eine sehr flache Landschaft, in der der Fluß fast steht und sich ausbreitet, dann lenkt der Mensch seinen Fluß in eine sehr steile, zerklüftete Landschaft, in der er zum reißenden Strom wird und in einem mächtigen Wasserfall in die Tiefe rauscht. Dann wiederum lenkt er ihn in einen großen Garten, wo er als Springbrunnen in einer mächtigen Fontäne gen Himmel schießt und sich in andere Wasserspiele ergießt. Dann wieder leitet der Mensch seinen Fluß in ein breites Flußbett, in dem er majestätisch fließt und dann in ein riesiges Becken, in dem der Fluß als See zur ersten Ruhe kommt. Dort wird er gestaut, um dann, durch eine Röhre gepreßt, in die Tiefe zu stürzen, wo er eine Turbine antreibt. Endlich fließt er dann ins Meer.

Doch dieses Beispiel trifft die vielen, differenzierten menschlichen Gefühlszustände nur unscharf. Ich machte es mir zum Ziel, einen Begriff zu entwickeln, der die menschlichen Energieformen viel präziser beschreiben sollte. Es war kein leichter Weg. Jahrelanges intensives Studium war nötig, um ein eigenständiges System zu erschaffen, das menschliche Eigenschaften überschaubar zusammenfaßt und eine Möglichkeit zur Transformation in sich birgt.

Jahrelanges intensives Studium war nötig, um ein eigenständiges System zu erschaffen, das menschliche Eigenschaften zusammenfaßt und eine Möglichkeit zur Transformation in sich birgt

Meine Forschungsbedingungen waren sehr günstig. In der Zeit von 1981-1993 leitete ich wöchentlich Kurse in Körpersprache, Kommunikation und Kreativität und konnte dabei Menschen aus allen sozialen Schichten in ihrem konkreten Verhalten beobachten. Da ich in dieser Zeit auch mehrmals wöchentlich auf der Bühne stand, und einen großen Zuschauerkreis mit meinen Darstellungen aus der Welt der Clowns und der Märchen und Mythen erfreute, konnte ich hier genau beobachten, wie die Zuschauer auf Mimik, Gestik und Körperbewegungen reagierten. Hinzu kam als ein weiterer glücklicher Umstand, daß ich meine ganze Art und Weise, Theater zu spielen und zu lehren, in der Zeit von 1979-1981 mit Kindern entwickelt hatte, die noch ganz pur von ihren Gefühlen berichten konnten und somit viel Wahres über den Menschen offenbarten.

Kinder berichten noch ganz pur von ihren Gefühlen und offenbaren somit viel Wahres über den Menschen

Ein weiterer glücklicher Umstand für meine Forschung war, daß in den achtziger und neunziger Jahren sehr viel "heiliges Wissen" aus allen Weltreligionen zur persönlichen Erforschung angeboten wurde. Man bedenke, ein mittelalterlicher Mensch benötigte viele Jahrzehnte, um zu den Orten der Weisheit zu reisen. Der moderne Mensch braucht nur noch den Gang zur nächsten Buchhandlung zu unternehmen.

Mit diesen günstigen Rahmenbedingungen machte ich mich auf den Weg. Ich suchte Beschrei-

Die Suche nach Beschreibungen von menschlichen Eigenheiten, die jedem Menschen und jedem Kind einleuchten

bungen für menschliche Eigenheiten, die jedem Menschen und jedem Kind sofort einleuchteten. Ich wollte auf jeden Fall vermeiden, daß der Übende zuerst eine Fachsprache erlernen muß, bevor er begreift, was ihm in dieser Sprache gesagt wird. So wie etwa der moderne Mediziner dreiviertel seines Studiums darauf verwendet, neue Worte zu erlernen, die den Körper beschreiben, bevor er sich dem Studium von Heilungsprozessen zuwenden darf. Das Wissen über Menschen mußte sich in einfachen, volkstümlichen Worten beschreiben lassen. Aber wie es nun mal ist: das Einfachste ist immer das Schwerste. So brauchte ich also länger als erwartet, aber nach zwölf Jahren intensiver Arbeit war es mir gelungen ein in sich schlüssiges und griffiges Beschreibungsmodell für menschliche Energiemuster vorzulegen, das allen meinen Ansprüchen genügte: die sieben Kellerkinder - Tranfunzel, Fetzer, Lästermaul, Großkotz, Flittchen, Geizhals und Binnix.

Das Wissen über Menschen muß sich in einfachen, volkstümlichen Worten beschreiben lassen

Die sieben Kellerkinder sind Tranfunzel, Fetzer, Lästermaul, Großkotz, Flittchen, Geizhals und Binnix

Als ich diese sieben Kellerkinder in einem Vortrag einem großen Publikum vorstellte, war ich sehr froh, daß das Publikum sich ebenso erheiterte wie es betroffen war. Die anwesenden Kinder erfaßten mein Modell sofort, und betitelten die anwesenden Erwachsenen gleich mit den Begriffen, die sie gerade gehört hatten. Nicht nur das Sprichwort „Narren und Kinder sagen die Wahrheit" bestätigte sich hier, sondern auch die Präzision und spontane Verständlichkeit meines Kellerkindermodells war augenscheinlich. Aber mir war noch etwas aufgefallen: Jene Erwachsenen, die so trefflich beschrieben worden waren, wirkten ausgesprochen gekränkt und beleidigt.

Im Umgang mit den Kellerkindern ist Vorsicht geboten

Es ist also Vorsicht geboten. Nicht jeder Mensch ist gewillt, sich seinen Kellerkindern spontan zu stellen, viele möchten lieber in ihren Illusionen über sich verharren. Dennoch liegt es mir fern, die sieben Kellerkinder als Schimpfwörter mit der Absicht der Kränkung und Demütigung zu gebrauchen. Auf jeden Fall gilt es, sich der Welt der sieben Kellerkinder mit Vorsicht zu nähern. Aus diesem Grunde habe ich es vermieden, mich in der Einleitung direkt den sieben Kellerkindern zuzuwenden. Kapitel für Kapitel und im eigenen Rhythmus soll es dem Leser und Übenden gelingen, sich der magischen Welt der sieben Kellerkinder anzunähern.

Dennoch sei vorweg schon ein Bild mit auf den Weg gegeben. Jeder Mensch hat Energie, die in sieben bestimmten Formen gebündelt ist. Diese Formen sehen aus wie sieben Kinder, jedes ist verschieden und für eine ganz bestimmte Aufgabe ausgerüstet. Aber diese Kinder sind wild und verfügen über eine geradezu magische Kraft. Da immer weniger Menschen mit diesen Kindern umgehen können, werden sie immer wilder und bleiben in ihrer ungestümen Lebensfreude ungezogen. Der Mensch, will er den Anschein eines souveränen, selbständigen Menschen erwecken, ist gezwungen, diese sieben Kinder in seinen Keller zu sperren. Dort vergißt er sie, und sie verwahrlosen weiter. Was der Mensch nicht bedachte: diese sieben Kellerkinder verfügen über seine gesamte Lebensfreude und Kreativität, die er nun also auch in den Keller gesperrt hat. Es führt kein Weg daran vorbei, er muß seine Kellerkinder wieder herausholen, sich mit ihnen konfrontieren, ihnen Raum zum Wachstum geben, damit er lebensfroh und kreativ bleibt.

Jeder Mensch hat Energie, die in sieben bestimmten Formen gebündelt ist

Die sieben Kellerkinder verfügen über die gesamte Lebensfreude und Kreativität eines Menschen

Gleich im folgenden ersten Kapitel beschreibe ich konkret die einzelnen, geistigen Stationen meines

Forschungsweges. In den achtziger und neunziger Jahren suchte ich in modernen Therapieformen, in der ganzheitlichen Medizin, in Esoterik und in verschiedenen spirituellen Strömungen nach klaren, wegweisenden Möglichkeiten, die ein harmonisches, inneres Wachstum fördern und zulassen. Die Suche nach geeigneten und vertrauenswürdigen Menschheitslehrern führte mich um die ganze Welt.

Die Suche nach geeigneten und vertrauenswürdigen Menschheitslehrern führte mich um die ganze Welt

Im zweiten Kapitel stelle ich "Entsprechungen" vor, die die unterschiedlichsten Lebensbereiche des Menschen miteinander in Verbindung bringen, und die sich alle um die Schlüsselzahl "Sieben" drehen. Hier stelle ich auch grafisch das Enneagramm als mein zentrales Symbol zur Typenzuordnung vor. Eine Serie von Enneagrammen, die die analogen Erscheinungsformen fixieren, bilden die Substanz, aus der heraus das Modell der sieben Kellerkinder gebildet wird, und die den Begriff "die sieben Kellerkinder®" auf eine tiefe Art und Weise verdeutlichen.

Im dritten Kapitel "Erste Begegnung" erhält das symbolhaft geistige Gerüst der sieben Kellerkinder die notwendige Anschaulichkeit. Durch eine erste Beschreibung der konkreten Erscheinungsbilder der sieben verschiedenen Kellerkinder mit ihren im Alltag wirksamen Schwächen, wird der Übende direkt angesprochen und herausgefordert, sich seinen eigenen Kellerkindern zu nähern.

Im vierten Kapitel zeige ich im "Spiel der Kellerkinder" einerseits, wie ich lebendige Forschungsarbeit verstehe, andererseits, wie stark die Kellerkinder das Denken, Fühlen und Empfinden der Menschen beherrschen.

Die Entdeckung der sieben Kellerkinder®

Die Entdeckung der sieben Kellerkinder®.

Nachdem ich in den achtziger und neunziger Jahren viele Menschen als Zuschauer meiner Theateraufführungen und als Kursteilnehmer erlebt hatte, bildete sich in mir der Wunsch, meine Beobachtungen zur menschlichen Typenbildung zusammenzufassen.
Die Vielzahl der menschlichen Erscheinungsformen schien mir nur scheinbar unüberschaubar. Immer wieder war mir aufgefallen, daß Menschen auf bestimmte Situationen in ähnlicher Weise reagierten. Ein bestimmter Charakter bewirkte also eine bestimmte Reaktion. Also gab es Ähnlichkeiten in der Vielfalt der menschlichen Charaktere.

Ein bestimmter Charakter bewirkt eine bestimmte Reaktion

Die folgenden Kapitel beschreiben meine Suche nach einem eigenen Typenmodell. Jede Station meines Weges ist in einer kurzen Beschreibung dargestellt.
Ich habe darauf verzichtet, meine "Irrungen und Wirrungen" zu beschreiben, und habe lediglich die "geistigen Stationen" dargestellt.
Vom Tarot, dem geheimnisvollen esoterischen Kartenspiel, wandte ich mich der Astrologie zu, untersuchte die vier Elemente, ebenso die vier Temperamente, von dort aus studierte ich die Homöopathie, lernte dann in Indien die Chakrenlehre kennen, wandte mich nochmals der Astrologie zu, um die sieben Planetenenergien zu erforschen, und gelangte schließlich zu der Begriffsreihe, die ich gesucht hatte: die sieben Kellerkinder.

Der Weg: vom Tarot zur Astrologie, zu den vier Elementen und Temperamenten, zur Homöopathie, zur Chakrenlehre und nochmals zur Astrologie, den sieben Planetenenergien

Die 22 großen Arcana des Tarot.

Das Tarot bietet eine Fülle von Anregungen, sich intuitiv mit den Urbildern der menschlichen Seele auseinanderzusetzen

Gerade für einen Schauspieler bietet das Tarot eine Fülle von Anregungen, sich intuitiv mit den Urbildern der menschlichen Seele auseinanderzusetzen. Als ich das Tarot-Kartenspiel im Jahre 1981 kennenlernte, fühlte ich mich sofort von ihm angezogen. Die Symbole auf den Karten sind sehr bildhaft und ein wunderbares Instrument, um die eigene Intuition zu schulen. Ich schätze diese Möglichkeit, durch die spontane Konfrontation mit den farbigen Symbolen auf den einzelnen Karten das "innere Wissen, das in Symbolen in uns verschlüsselt ist", zu aktivieren. Besondere Aufmerksamkeit schenkte ich den zweiundzwanzig großen Arcana. Im Folgenden seien sie in einem kurzen Überblick vorgestellt:

Die 21 Einweihungsstufen des Tarot

0 - der Narr, I - der Magier, II - die Hohepriesterin, III - die Herrscherin, IV - der Herrscher, V - der Hierophant, VI - die Liebenden, VII - der Wagen, VIII - die Kraft, IX - der Eremit, X - das Rad des Schicksals, XI - die Gerechtigkeit, XII - der Gehängte, XIII - der Tod, XIV - die Mäßigkeit, XV - der Teufel, XVI - der Turm, XVII - der Stern, XVIII - der Mond, XIX - die Sonne, XX - das Gericht, XXI - die Welt.

Faszinierend war für mich die Karte mit dem Nullwert: der Narr. Hier fand ich eine Bestätigung für die tiefe mythologische Bedeutung des ewigen Verlierers, der unbesiegbar ist.

Das neue Modell: die vier Elemente

Da ich in der Vielzahl der einundzwanzig Stufen keine Möglichkeit sah, ein überschaubares Typenmodell herauszufiltern, wandte ich mich einem Modell zu, das im Tarot verborgen lag: den vier Elementen.

Die vier Elemente.

Die vier Elemente sind: Feuer, Erde, Luft und Wasser

Die vier Elemente sind: Feuer, Erde, Luft, Wasser. Sie werden in der Astrologie ausführlich beschrieben, denn sie bilden die Grundlage der zwölf Tierkreiszeichen: jeweils drei verschiedene Zustände der vier verschiedenen Elemente ergeben am Ende zwölf Tierkreiszeichen. Im Folgenden möchte ich die vier Elemente assoziativ vorstellen. Am Ende jeder Reihe stehen in Klammern die drei Tierkreiszeichen, die diesem Element zugeordnet sind.

Feuer: Kreislauf des Willensmäßigen, spontane Energie, Impulsivität, Heftigkeit, Gewalttätigkeit, Begeisterung, Übereilung, großes Selbstvertrauen, Leidenschaftlichkeit und Stolz, Eifer, vorwärtsdrängend, Temperament cholerisch, starke Ich-Betonung. Sinnesfunktion: sehen.
(Widder - Löwe - Schütze.)

Erde: Kreislauf des Materiellen, Praxis, konkretbetont, bodenständig, Mangel an Beweglichkeit, Erdverbundenheit, Natursichtigkeit, konservative Haltung, Starrheit, Dogmatismus, Vorsicht umschlagend in Ängstlichkeit, materielle Sicherheitsfixierungen, Anstrengung, Fleiß, Ausdauer.
Sinnesfunktion: riechen.
(Stier - Jungfrau - Steinbock.)

Luft: Kreislauf des Mental-Geistigen, Empfänglichkeit, Intellektualität, Anpassung, Beweglichkeit, Aufnahmebereitschaft, Vielseitigkeit, Oberflächlichkeit, gute Reflexe, Erfindungsgabe, Zerstreuung, Zersplitterung, Nervosität, Unruhe.
Sinnesfunktion: fühlen.
(Zwilling - Waage - Wassermann.)

Wasser: Kreislauf des Seelischen, Gefühlsbetonung, Phantasie, Träumerei, Medialität, Bequem-

lichkeit, Empfindlichkeit, Lebensflucht, Fruchtbarkeit, Passivität, weiche, teilnahmslose Natur.
Sinnesfunktion: schmecken.
(Krebs - Skorpion - Fische.)

Den vier Elementen entsprechen vier Grundeigenschaften des Menschen

In den Jahren 1982-1985 nutzte ich die vier Elemente als zentrale Grundlage meiner Typenforschung. Im Volksmund bestand eine Zuordnung der vier Elemente zu den Grundeigenschaften des Menschen.

Der aufbrausende, schnell erregbare Choleriker, der so begeisterungsfähig nach vorne stürmt, entspricht dem Element Feuer.

Choleriker-Feuer
Melancholiker-Erde
Sanguiniker-Luft
Phlegmatiker-Wasser

Der bedrückte und schwerfällige Melancholiker, der die Vergänglichkeit alles Lebenden sehr deutlich vor Augen hat, entspricht dem Element Erde.

Der aufgeweckte, feinsinnige Sanguiniker, dem die Welt des Geistes so vertraut ist, entspricht dem Element Luft.

Der empfindsame und feinfühlige Phlegmatiker, dem körperliche Anstrengung ein Greuel ist, entspricht dem Element Wasser.

An den Waldorfschulen, die mit der von Rudolf Steiner entwickelten Pädagogik arbeiten, gehören die vier Temperamente zum Kernpunkt des Faches "Menschenkunde"

Rudolf Steiner, der Begründer der anthroposophischen Gesellschaft, beschrieb aus seinem Blickwinkel die vier Menschentypen als die vier Temperamente. An den Waldorfschulen, die mit der von Rudolf Steiner entwickelten Pädagogik arbeiten, gehören die vier Temperamente heute zum Kernpunkt des Faches "Menschenkunde".

Dennoch war ich mit diesem Modell nicht zufrieden. Es fehlte mir an einer dynamischen Beziehung der Typen untereinander.

Die drei Miasmen in der Homöopathie.

Auf meiner weiteren Suche, das menschliche Verhalten zu begreifen und in bestimmten "Ordnungen" zusammenzufassen, entdeckte ich die Homöopathie. Diese Heilkunst regt durch spezifische Arzneimittel die individuell gestörten Selbstheilungskräfte des Menschen an. Heilung wird durch das Arzneimittel angeregt, das bei einem Gesunden die ähnlichen Symptome hervorruft, die der kranke Mensch aufweist (Simile-Prinzip).

Diese Heilkunst regt durch spezifische Arzneimittel die individuell gestörten Selbstheilungskräfte des Menschen an

Die Homöopathie kennt drei Grundtypen: den Psoriker, den Sykotiker und den Syphilitiker. Der Psoriker symbolisiert einen Zustand der Erschöpfung des Körpers, der Sykotiker symbolisiert einen Zustand des Übermaßes des Körpers und der Syphilitiker symbolisiert einen Zustand der artfremden Wucherung des Körpers.

Die Homöopathie kennt drei Grundtypen, von Hahnemann auch "Urübel" genannt

Der Begründer der Homöopathie, Samuel Hahnemann, nannte diese drei Erscheinungsformen Miasmen. Er verstand darunter die drei "Urübel", aus denen alles menschliche Verhalten abzuleiten ist.

Die Zahl drei war offensichtlich eine wichtige Zahl. Die Dreieinigkeit Gottes war mir seit Kindheitstagen vertraut, auch waren mir in der Astrologie die drei Energien begegnet: Erzeugend - Konzentrierend - Verteilend. Bei Rudolf Steiner war ich auf die Dreiteilung des Menschen in Geist, Seele und Körper gestoßen. Diese drei Ebenen waren auch in Gurdjieffs Bild vom Menschen als einer Kutsche zu finden. Das Pferd entspricht dem Gefühl, der Kutscher dem Verstand und der Wagen dem Körper. Auch bei dem für mich endgültigen Symbol, vor dessen Entdeckung ich stand, spielt das Dreieck eine entscheidende Rolle.

Die Zahl drei als wichtige Zahl

Bei Gurdjieff sind die drei Ebenen als Bild einer Kutsche zu finden: das Pferd entspricht dem Gefühl, der Kutscher dem Verstand und der Wagen dem Körper

Gurdjieff und das Enneagramm.

Die Entdeckung des Enneagramms in den Schriften von Georg Iwanowitsch Gurdjieff

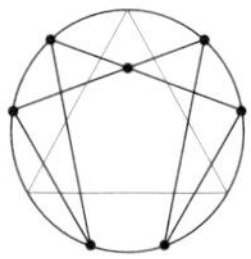

Das Enneagramm

Im Jahre 1984 entdeckte ich in den Schriften von Georg Iwanowitsch Gurdjieff ein Symbol, das mich faszinierte: das Enneagramm. Dieses außergewöhnliche Symbol wurde von Gurdjieff (geb. 1866 in Kars, heutige Osttürkei) im Laufe der Jahre 1915 - 1916 einem kleinen Kreis seiner russischen Schüler vorgestellt. Das Enneagramm (Neuneck) mit seinen neun Eckpunkten, die auf eine eigentümliche Weise miteinander verbunden sind, ist ein universales Symbol, in dem alles Wissen zusammengefaßt ist und mit dem es intelligent gedeutet werden kann. Bevor Gurdjieff dieses Symbol seinen Schülern bekanntmachte, war er zwanzig Jahre durch Zentralasien zu Menschheitslehrern und geheimen Gesellschaften gewandert auf der Suche nach der Antwort auf die ihn brennende Frage: Was ist der Sinn des Lebens? Am Ende seiner Suche angelangt, gründete er das "Institut zur harmonischen Entwicklung des Menschen", zuerst in Rußland, dann während der russischen Revolution erneut in Konstantinopel und schließlich in Paris. Gurdjieff selbst sah seine Aufgabe darin, seinen Schülern Bedingungen für eine Erfahrung zu schaffen, durch die wahre Erkenntnis so total wie möglich erlebt werden kann. Georg Iwanowitsch Gurdjieff starb 1949 in Paris.

Gurdjieff sah seine Aufgabe darin, Bedingungen zu schaffen, durch die wahre Erkenntnis total erlebt werden kann

Erst nach seinem Tod wurde das Enneagramm durch die Veröffentlichung des Buches "*Auf der Suche nach dem Wunderbaren*" von seinem Schüler P.D. Ouspensky einer großen Öffentlichkeit zugänglich gemacht. Mit dem Enneagramm hatte ich ein intelligentes Symbol gefunden, mit dem ich meine Beobachtungen über Menschentypen zusammenfassen konnte.

Die sieben Chakren.

Meine Indienreisen in den Jahren 1982-1984 nutzte ich dazu, mich mit der Lehre der sieben Chakren vertraut zu machen. "Chakra" ist ein Sanskritwort und bedeutet "Wirbel" (vgl. auch: Chakra - Charakter). Auf sieben verschiedenen Körperebenen befinden sich sieben verschiedene Energiestufen mit unterschiedlichen Aufgaben. Die sieben Chakren sind:

Auf sieben verschiedenen Körperebenen befinden sich sieben verschiedene Energiestufen

1. Wurzelchakra: Sitz ist das Becken, die Region zwischen Anus und Genitalien, am Anfang der Wirbelsäule (die ersten drei Wirbel). Die Aspekte: Sicherheit, Nahrung und Schutz. Die Ebene: der Körper.
2. Sakralchakra: Sitz ist der Verdauungsbereich unterhalb des Magens und die Genitalien. Die Aspekte: Zeugung, Familie und Phantasie. Die Ebene: Phantasie.
3. Nabelchakra: Sitz ist der Solarplexus, das Sonnengeflecht im Oberbauch und der Nabel. Die Aspekte: Vorstellungsvermögen, Ego, Form und Farbe. Die Ebene: der Himmel.
4. Herzchakra: Sitz ist die Herzgegend mit dem Herz. Die Aspekte: die vollkommene Balance zwischen den drei Chakren unterhalb und denen oberhalb des Herzens. Die Ebene: Gleichgewicht.
5. Kehlkopfchakra: Sitz ist der Hals mit dem Halsschlagader-Nervengeflecht. Die Aspekte: Wissen. Ebene: der Mensch.
6. Stirnchakra: Sitz ist der Punkt in der Mitte zwischen den beiden Augenbrauen. Die Ebene: Buße und Strenge.
7. Kronen- oder Scheitelchakra: Der Sitz ist im obersten Teil des Schädels. Die Ebene: Wirklichkeit und Wahrheit.

Die sieben Chakren sind:
das Wurzelchakra,
das Sakralchakra,
das Nabelchakra,
das Herzchakra,
das Kehlkopfchakra,
das Stirnchakra,
das Scheitelchakra

Die sieben Planetentypen.

Auf meiner Suche nach Grundenergiemustern, die jedem Menschen innewohnen, begegnete mir wieder das sehr populäre Typenmodell der zwölf Tierkreiszeichen.

Durch das Studium der sieben Chakren war ich für die Zahl sieben sensibilisiert und entdeckte in der Beschreibung der Tierkreiszeichen auch die sieben Planeten. Die Beschreibung der sieben Planeten bildet eine wunderbare Basis für sieben Charaktertypen. Immer mehr Hinweise für sieben Grunderscheinungsformen offenbarten sich mir: die sieben Spektralfarben, die sieben Organe. Ich suchte noch weitere Zuordnungen, in denen die Sieben die zentrale Ordnungsstruktur symbolisiert: das verflixte siebte Jahr, die sieben Wochentage, sogar der Wolf und die sieben Geißlein und Schneewittchen und die sieben Zwerge gehören in diese Welt der Sieben. Schon bei der Untersuchung der Märchen war mir aufgefallen, wie häufig dort die Planetenenergien als Menschentypen erscheinen. Im König Drosselbart z.B.erscheinen zu Beginn sieben Freier, die um die Hand der Prinzessin anhalten. Diese jedoch ist so hochmütig, daß sie einen jeden verhöhnt. Der erste ist ihr zu dick, "Weinfaß!" (Jupiter), der zweite ist ihr zu lang, "lang und schwank hat keinen Gang" (Merkur), der dritte ist ihr zu klein, "kurz und dick hat kein Geschick" (Venus), der vierte ist ihr zu blaß, "bleich wie der Tod" (Mond), der fünfte ist ihr zu rot, "rot wie ein Zinshahn" (Sonne), der sechste ist ihr zu krumm, "grünes Holz, hinter dem Ofen getrocknet" (Mars), der siebte hat "ein Kinn, wie die Drossel einen Schnabel" (Saturn).

Die Beschreibung der sieben Planeten bildet eine wunderbare Basis für sieben Charaktertypen

Bei der Untersuchung der Märchen fällt auf, wie häufig dort die Planetenenergien als Menschentypen erscheinen

Da die sieben Planetenenergien für das von mir

entwickelte Typensystem von grundlegender Bedeutung sind, seien hier die verschiedenen Planetenenergien als "assoziatives Feld" vorgestellt.

Die sieben Planetenenergien als "assoziatives Feld"

Mond: Seele, Mütterlichkeit, Kindsein, Abhängigkeit, Demut, Innigkeit, Sehnsucht, Entwicklung, Passivität, Natur, Unbewußtheit, Phantasie, Eindruck, Erlebnis, Instinkt, Empfänglichkeit, Frömmigkeit, Unschuld, Natürlichkeit, Intimität, Familiensinn, Wandlung, Gemüt.

Mars: Trieb, Leistung, Disziplin, Kämpfertum, Tapferkeit, Anstrengung, Rebellion, Angriff, Leidenschaft, Tat, Straffung, Widerspruch, Gewaltsamkeit, Impuls, Zielklarheit, Wille, Energie, Kampf, Entschlossenheit, Wildheit, Dissonanz, Unrast.

Merkur: Sparsamkeit, Nüchternheit, Differenzierung, Dienstbarkeit, Technik, Genauigkeit, Berechnung, Intellekt, Zivilisation, Ausdruck, Übung, Kritik, Skepsis, Gewandtheit, Nützlichkeit, Erwerb, Präzision, Grafik, Interesse, Taktik, Zweckdenken, Eigennutz, Ausbildung, Realismus, Analyse.

Jupiter: Sinnverwirklichung, Verantwortlichkeit, Repräsentation, Gläubigkeit, Ethos, Werterfüllung, Weite, Vornehmheit, Weisheit, Würde, Geistigkeit, Bildung, Einsicht, Überlegenheit, Vernunft, Synthese, Gesamtschau, Strategie, Idealismus, Veredelung, Religion, Dynamik, Expansion, Heiterkeit, Menschenliebe, Toleranz, Gelassenheit, Idee, Fülle, Weite.

Venus: Sinnlichkeit, Liebe, Anmut, Kunst, Eros, Gleichgewicht, Geschlossenheit, Freude, Sympathie, Spiel, Lust, Hingabe, Zähmung, Harmonie, Zufriedenheit, Zärtlichkeit, Melodie, Verfeinerung, Anschauung, Galanterie, Takt, Ordnung, Schönheit, Rücksicht, Konvention, Maß, Zierlichkeit,

Besitzfreude, Gewöhnung, Charme, Kultur, Geschmack, Genuß, Eleganz, Malerei, Höflichkeit.

Saturn: Notwendigkeit, Schicksal, Pflicht, Ausdauer, Verzicht, Dienst, Einschränkung, Dauer, Beharrung, Alter, Distanz, Logik, Wirklichkeit, Systematik, Beherrschtheit, Festigkeit, Resignation, Sachlichkeit, Wahrheit, Dogma, Ernsthaftigkeit, Gründlichkeit, Entsagung, Gesetz, Strenge, Korrektheit, Einsamkeit, Verhaltenheit, Askese, Sicherheit, Hemmung, Abwehr, Festhalten, Starrheit, Haltung, Kontraktion, Statik, Sorge, Kargheit, Gesetzestreue, Tiefe.

Sonne: Freiheit, Schaffen, Eigenwille, Spontaneität, Mut, Anspruch, Werk, Bejahung, Unbedingtheit, Selbstverwirklichung, Ehre, Souveränität, Selbstvertrauen, Größe, Macht, Schöpfertum, Stolz, Geist, Begeisterung, Selbstverständlichkeit, Aufschwung, Einzigkeit, Überschwang, Stil, Übermaß, Großartigkeit, Verschwendung, Vitalität, Einmaligkeit, Ganzheit, Zentralisierung, Selbständigkeit, Schaffen, Großzügigkeit, Herzlichkeit, Einheit, Väterlichkeit, Klarheit, Erfüllung, Individualität, Aktivität.

Die Vorstellung, daß diese sieben Planetenenergien Grundlage eines Typenmodells werden sollten, wurde immer konkreter. Vor allem, als mir auffiel, daß unsere sieben Wochentage nach den sieben Planeten benannt waren, fiel meine endgültige Entscheidung, die sieben Planetenenergien als Grundlage für mein eigenes Typenmodell zu nehmen.

Die sieben Wochentage sind nach den sieben Planeten benannt

Im folgenden seien die sieben Wochentage mit den entsprechenden sieben Planeten aufgeführt. In Klammern zu finden sind Hinweise, wie sich die lateinischen oder germanischen Götternamen in den englischen oder französischen Wochentags-

namen wiederfinden lassen.
Montag: Mond, (engl. monday, franz. lunedi, lat. luna).
Dienstag: Mars, (german. Tyr = Kriegsgott, engl. tuesday, franz. mardi).
Mittwoch: Merkur, (franz. mercredi).
Donnerstag: Jupiter, (german. Donar, franz. jeudi).
Freitag: Venus, (german. Freya, engl. friday, franz. vendredi).
Samstag: Saturn, (engl. saturday).
Sonntag: Sonne, (engl. sunday).
Mit den sieben Wochentagen hatte ich vor allem eine wunderbare Reihenfolge entdeckt, wie man vom "Mond" zur "Sonne" kommt. Abwechselnd werden "weibliche Tage" (Montag, Mittwoch, Freitag) und "männliche Tage" (Dienstag, Donnerstag, Samstag) durchschritten, bis am Sonntag die Versöhnung dieser beiden Energien erreicht wird. Ich beschloß, fortan immer an dieser Reihenfolge festzuhalten.

Abwechselnd werden "weibliche Tage" (Montag, Mittwoch, Freitag) und "männliche Tage" (Dienstag, Donnerstag, Samstag) durchschritten, bis am Sonntag die Versöhnung dieser beiden Energien erreicht wird

So sind auch die folgenden Planetentypen, wie schon vorher die Planetenenergien, in der Reihenfolge der Wochentage vorgestellt. Die sieben Planetentypen haben die Aufgabe, die Planetenenergien konkret menschlich darzustellen. Auch hier lediglich eine stichwortartig zusammengetragene Sammlung, die aber schon wesentliche Elemente meiner Typenzuordnung enthält.
Mondtyp: demütig, rund, fahl, voll, unproportionierter Körperbau, fliehendes Kinn, stur, trotzig, große Intuition und instinktive Sicherheit, launisch, weiblich, es dauert lange bei ihm, Freunde zu gewinnen, genießt es, nachts zu arbeiten, passiv, nach innen schauend.
Marstyp: der Krieger, draufgängerisch, aufbrausend und feurig, niedriger Haaransatz, Haare mit

ungewöhnlicher Haarfarbe (blond bei Lateinamerikanern, schwarz bei Skandinaviern und rot bei den Mitteleuropäern), Haut mit Sommersprossen, schiefe und spitze Zähne, haarig am ganzen Körper, nach außen gerichtet, mutig, hohe Lebenskraft, er sucht immer einen Grund, um zu kämpfen, hohe Besitzansprüche, eifersüchtig, gute mechanische Fähigkeiten, guter Orientierungssinn.

Merkurtyp: dickes Haar, oft lockig, schimmernde Augen und gleichmäßige Zähne, schlank, klar gezeichnet, Männer tragen oft einen Schnurrbart, wohltönende und kräftige Stimme, oft ziellose Bewegungen, impulsiv, neigt dazu, in einer Krise zu explodieren, einsichtig, unruhig, schlaflos, scheint unermeßliche Energie zu haben, geordnet, sauber, luftig, guter Blutkreislauf, neigt dazu, sich Krankheiten einzubilden, erfreut sich an Geheimnissen und Intrigen, mißtrauisch, überlegt viel.

Jupitertyp: klein, rundlich, wohlbeleibt, großer Kopf, dünne Haare, Männer sind häufig glatzköpfig, wenig Körperbehaarung, extravagant, die Wohnung ist farbig und bequem ausgestattet, hat mütterliche Zuneigung zu anderen, Zuneigung zu Musik und Poesie, fröhlich, lernt leicht Fremdsprachen, liebt schöne Sachen und arbeitet gerne dafür, eitel.

Venustyp: kleine Füße im Vergleich zum restlichen Körper, birnenförmig, starke Oberschenkel, warm und sympathisch, loyal, sinnlich, passiv, mitunter schlampig, liebt harmonische Sinnlichkeit, verwischt gerne Unterschiede, bleibt häufig viele Jahre im gleichen Beruf und in der gleichen Wohnung.

Saturntyp: sehr männlich, schlaksig, starker Körperbau, langer Kopf, zerfurchtes Gesicht, markante Backenknochen, markante Nase, eckiger Kiefer, hohe Konzentrationsfähigkeit, selbst-

beherrscht, asketisch, trägt langweilige und funktionelle Kleidung, liebt große Räume, Wüsten und Berge, sitzt gerne, bewegt sich langsam.
Sonnentyp: idealer Körper, schmale Taille, glatte Haut, Augen liegen oft weit auseinander, ein Blick mit hoher elektrischer Ausstrahlung, instabiler Gesundheitszustand, jugendliches Aussehen, unreif, sehr selbstbezogen, eitel, er möchte, daß andere auf ihn aufpassen, unvorsichtig.

Im Jahre 1987 glaubte ich also, mein Typenmodell gefunden zu haben, und da ich es mir zur Aufgabe gemacht hatte, mein Wissen spielerisch zu vermitteln, entwickelte ich ein Theaterstück mit dem Titel "Die sieben Typen". Gemeinsam mit einem Schlagzeuger, der sieben von mir vorgegebene Rhythmen spielte, stellte ich die sieben Planetentypen auf der Bühne dar.

Das Theaterstück "Die sieben Typen" vermittelt spielerisch die sieben Planetentypen

Frau Mond:
Die erste Figur nannte ich Frau Mond und stellte sie als eine Oma dar, die selbstverliebt von ihren Alltagsabenteuern als Hausfrau erzählte: die Sorge um ihren Sohn Detlef, Waschtag, Gespräche mit Nachbarn, in denen sie erzählte, daß sie "es anderen immer nachmache, so könne sie nie auffallen". Ihre große Plage waren die Vollmondnächte, in denen sie von einer unendlichen Sehnsucht getrieben wurde. Ich spielte, wie Oma in peinigenden Alpträumen von monströsen Schreckensgestalten bedroht wurde. Im Abgang ließ ich mich von Selbstmitleid überwältigen.

Frau Mond erzählt selbstverliebt von ihren Alltagsabenteuern als Hausfrau

Herr Mars:
Die zweite Figur nannte ich Herrn Mars. Kostümiert mit Offiziersmantel, Lederhandschuhen und Peitsche inszenierte ich mich als aufgeplusterten Gockel, der sein Volk in einer flammenden Füh-

Herr Mars war kostümiert mit Offiziersmantel, Lederhandschuhen und Peitsche

rer-Rede aufpeitschte. In einem kurzen Hörspiel ließ ich einen Fliegerangriff aufblitzen und spielte auch einen Reiterangriff, den ich vom Feldherrnhügel aus dirigierte. Während der Siegesfeier kam es zu einem jähzornigen Ausbruch.

Herr Merkur:

Herr Merkur fegte in hektischen und abgehackten Bewegungen über die Bühne

Nun kam Herr Merkur, er war kostümiert wie ein Reporter mit Schildmütze und Karo-Sakko. In hektischen und abgehackten Bewegungen fegte ich in einem Tanz, dessen Grundrhythmus sich laufend steigerte, über die Bühne, während ich folgende Worte skandierte: "Ham Sie schon gehört, daß ich alles weiß?" Während ich mir an die Schläfe tippte: "Hier muß es geschehen, hier muß es sich drehen, hier! hier! hier!" Nun spielte ich typische Bürotätigkeiten mit ihren zwangsläufigen Pannen und vollständiger Überforderung am Telefon, da ich gleichzeitig mit mehreren Gesprächspartnern verhandelte. Im Abgang verwandelte ich mich in eine Maschine, die in roboterhaften Bewegungen das Feld räumte.

Herr Jupiter:

Herr Jupiter hielt als Pfarrer eine - wie er glaubte - wichtige Predigt über den Menschen im Allgemeinen

Für Herrn Jupiter wählte ich die Figur eines Pfarrers, der mit großen Worten und künstlich abgehobener Stimmlage seinem Auftritt besonderes Gewicht verlieh. Thema der Predigt war der Mensch im Allgemeinen, und mit wahrer Freude "schwalmte" aus mir die Flut der moralischen Belehrungen heraus, während ich beim Sprechen einen Apfel fraß.

Frau Venus:

Frau Venus bot Künstlern und vor allem Liebeskünstlern Gelegenheit zur Begegnung

Frau Venus spielte ich als französische Künstlerin, die ein großes Fest arrangierte, wo sie Künstlern und vor allem Liebeskünstlern Gelegenheit zur Begegnung bot. Mein langes Seidenkleid, der Florentiner Hut, Handschuhe bis zu den Achseln und der Glitterschmuck und natürlich Stöckelschuhe sorgten für die durchaus charmante Komik dieser Figur, der man so manche "Schlüpfrigkeit" gerne abnahm.

Herr Saturn:

Nun ließ ich das Gesetz auftreten, Herrn Saturn. Ich spielte ihn als alten, kranken, verbitterten Mann, der akribisch auf die Einhaltung seiner Gebote achtete. Da fielen Sätze wie: "Solange du deine Beine unter meinen Tisch streckst, tust du, was ich sage!" Schwarze Mütze, schwarzer Mantel, nackte Beine in alten Arbeiterschuhen kennzeichneten sein Erscheinungsbild. Als Schlußsatz wählte ich den spartanischen Satz: "Wanderer kommst du nach Sparta, verkündige dorten, du habest uns liegen gesehen, wie das Gesetz es befahl."

Herr Saturn, schwarze Mütze, schwarzer Mantel, trat in Form des Gesetzes auf die Bühne

Clown Sonne:

Zum krönenden Abschluß trat ich als Clown auf. Kostümiert wie der "Dumme August" mit zu großen Schuhen, buntem, zu langem Mantel, Schlapphut, Trägerhose und roter Nase spielte ich eine lustige Nummer mit einem großen gelben Luftballon.

Der Clown, ewiger Verlierer, als krönender Abschluß

Alle Aufführungen waren ein großer Erfolg, aber ich selbst fühlte mich nicht glücklich. Die Zuschauer waren erhitzt und begeistert von dem Spiel, aber die Typenzuordnung blieb ihnen unverständlich. Allein die Tatsache, daß die Planetennamen vielen gar nicht geläufig waren, und daß wenige wußten, daß die Wochentage den Planeten zugeordnet sind, machte mir klar, daß meine Typenzuordnung einen Mangel hatte, über den ich nicht hinwegsehen konnte: sie war nicht spontan verständlich. Genau das aber suchte ich.

Die Typenzuordnung blieb den Zuschauern unverständlich

Vorbemerkung zur Fotoreihe "Die sieben Typen".

Im Jahre 1987 entwickelte ich das Theaterstück "Die sieben Typen", in dem ich selbst sieben verschiedene Menschentypen zu musikalischer Begleitung spielte. Ich hatte dieses Theaterstück genauso aufgebaut, wie die sieben aufeinanderfolgenden Tage die Woche bilden, d.h. ich spielte die sieben verschiedenen Planetenfiguren entlang ihres "wöchentlichen Auftretens".
Da ich sie im vorherigen Kapitel schon ausführlich beschrieben habe sind hier nur noch die Fotos abgebildet, die mich in dem jeweils entsprechenden Planetentyp zeigen.
Heute, zwölf Jahre später, fällt mir aus dieser beträchtlichen zeitlichen Entfernung auf, daß ich im Jahre 1987 den Merkur noch männlich darstellte. In dem Jahre später entstandenen Typenmodell "Die sieben Kellerkinder®" habe ich die Darstellung und Entsprechung des Merkur verändert.
Diese Fotoreihe (Fotos: Georg Nemec) zeigt sehr deutlich, meine Art und Weise zu forschen:
Ich werfe mich auf der Bühne ganz und gar in das zu erforschende Energiefeld und beobachte aufmerksam meine Wahrnehmungen, Empfindungen und Gefühle. So offenbarten sich mir bei jedem Auftritt neue Blickwinkel bei der Suche nach den sieben Grundtypen.
In den Jahren 1987-1990 habe ich das Theaterstück "Die sieben Typen" über hundert Mal gespielt. Diese Forschungsarbeit auf dem Energiefeld Bühne bildete die Grundlage meines späteren Typenmodells "Die sieben Kellerkinder®".

Frau Mond

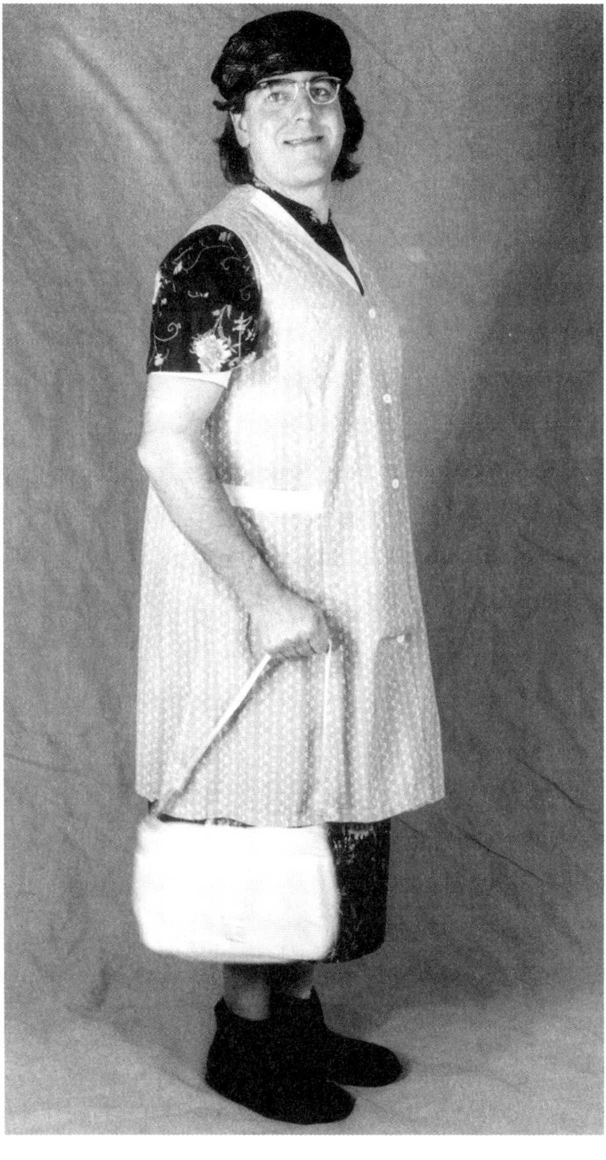

Herr Mars

Herr Merkur

Herr Jupiter

Frau Venus

Herr Saturn

Clown Sonne

Übungsteil.

1. *Welche Assoziationen rief das Betrachten des Bildes "Frau Mond" bei mir hervor?*

   Bitte beschreiben Sie, welche Gefühle, Gedanken und Empfindungen das Betrachten des Bildes bei Ihnen spontan hervorrief.

2. *Welche Assoziationen rief das Betrachten des Bildes "Herr Mars" bei mir hervor?*

   Bitte beschreiben Sie, welche Gefühle, Gedanken und Empfindungen das Betrachten des Bildes bei Ihnen spontan hervorrief.

3. *Welche Assoziationen rief das Betrachten des Bildes "Herr Merkur" bei mir hervor?*

   Bitte beschreiben Sie, welche Gefühle, Gedanken und Empfindungen das Betrachten des Bildes bei Ihnen spontan hervorrief.

4. *Welche Assoziationen rief das Betrachten des Bildes "Herr Jupiter" bei mir hervor?*

Bitte beschreiben Sie, welche Gefühle, Gedanken und Empfindungen das Betrachten des Bildes bei Ihnen spontan hervorrief.

5. *Welche Assoziationen rief das Betrachten des Bildes "Frau Venus" bei mir hervor?*

Bitte beschreiben Sie, welche Gefühle, Gedanken und Empfindungen das Betrachten des Bildes bei Ihnen spontan hervorrief.

6. *Welche Assoziationen rief das Betrachten des Bildes "Herr Saturn" bei mir hervor?*

Bitte beschreiben Sie, welche Gefühle, Gedanken und Empfindungen das Betrachten des Bildes bei Ihnen spontan hervorrief.

7. *Welche Assoziationen rief das Betrachten des Bildes "Clown Sonne" bei mir hervor?*

Bitte beschreiben Sie, welche Gefühle, Gedanken und Empfindungen das Betrachten des Bildes bei Ihnen spontan hervorrief.

Die sieben Kellerkinder®.

Die Sammlung der in Kursen am häufigsten vermiedenen Rollenangebote führte auf eine Spur

In meiner Kurstätigkeit war mir immer aufgefallen, mit welch großer Angst die Teilnehmer manches Rollenangebot abwehrten und in breiten Redebeiträgen "überzeugend herleiteten", daß sie mit den besagten Rollen nichts zu tun hätten. Ich begann systematisch die am häufigsten vermiedenen Rollenangebote zu sammeln, und der Zufall führte mich auf eine weitere Spur. Ein Pfarrer wies mich darauf hin, daß vor allem die mittelalterliche katholische Kirche die sieben Todsünden kenne. Ihm fielen leider nicht alle ein, so mußte ich noch einen anderen Pfarrer anrufen, um die sieben Todsünden zu erfahren, und wurde mit einem merkwürdigen Phänomen konfrontiert: auch ihm fiel eine Todsünde nicht ein, so daß ich nochmals bei einem anderen Pfarrer anrufen mußte. Schließlich hatte ich nicht nur die sieben Todsünden beisammen, sondern hatte auch noch die bemerkenswerte Erfahrung gemacht, daß die "Fachmänner für Todsünden" selbst blinde Flecken für genau jene Todsünde hatten, mit der sie selbst "in innerer Eintracht lebten". Hier nun die vollständige Reihe der sieben Todsünden: Trägheit, Zorn, Gier, Hochmut, Wollust, Geiz, Neid.

Die sieben Todsünden sind: Trägheit, Zorn, Gier, Hochmut, Wollust, Geiz, Neid

Ich suchte einen Oberbegriff, der schlaglichtartig sowohl unsere dunklen Seiten, als auch unsere kreativen Seiten gleichzeitig, wie die "Vorder- und Rückseite einer Medaille", erfassen sollte. Außerdem wollte ich eine Typenordnung schaffen, die auch spontan von Kindern verstanden werden sollte. Also, folgerte ich, müßte in dem gesuchten Oberbegriff das Wort "Kinder" vorkommen. Weiter folgerte ich, daß der Begriff auch das beschreiben sollte, was wir vor uns selbst versteckt halten

Die Typenordnung sollte unsere dunklen Seiten, als auch unsere kreativen Seiten gleichzeitig erfassen, und spontan von Kindern verstanden werden

möchten. Ich wollte die Typisierung dazu benutzen, dem Übenden die Möglichkeit zur Transformation eines ungeliebten Typs zu geben, indem er ihn zuerst einmal annehmen könnte.

Im Sommer 1989 hielt ich einen Vortrag vor einer Ausbildungsgruppe, und in meinem Mühen, den Menschen zu verstehen und ihn verständlich zu machen, wählte ich als Beispiel ein Haus. "Der Kopf", erläuterte ich, "entspricht der Dachstube. Hier ist unser Studierzimmer, der Ort der Stille und Konzentration, hier ist der Ort des Weitblicks und der Vision. Im Erdgeschoß," fuhr ich fort, "leben die Gefühle. Der Körper, dieser unwägbare, organische Mechanismus mit all seinen für uns im Dunkel liegenden Funktionen, die unser Leben erhalten, ist die Basis, das Fundament, kurzum: der Keller." Ich hielt mitten im Vortrag inne und erinnerte mich an eine Geschichte aus meinem Leben: Als Kind war ich von so übersprudelndem Wesen, daß ich häufig mit den strengen Gesetzen meines Elternhauses zusammenstieß, was zur Folge hatte, daß ich zur Strafe in den dunklen Keller mußte, um dort "mein Mütchen zu kühlen".

Der Mensch ist mit einem Haus vergleichbar

Dieses Ereignis fiel mir spontan ein und ich begriff, daß wir Menschen dazu neigen, unangenehme Lebendigkeit, die sich den gängigen Erziehungsmodellen und der aktuellen Moral nicht anpassen will, in unserem Körper einzusperren. Und da im obigen Bild des Hauses der Körper dem Keller entsprach, war der Begriff geboren: "*Die Kellerkinder*".

Die Menschen neigen dazu, unangenehme Lebendigkeit, die sich der Moral nicht anpassen will, in den Körper, sprich "Keller", einzusperren

Nun waren meine Vorbereitungen abgeschlossen, denn mit den "Kellerkindern" hatte ich einen Begriff gefunden, der sowohl die verdrängte Lebenskraft als auch die spielerische Seite hervorhob. Schon seit früher Kindheit faszinierten mich

Schimpfwörter beschreiben präzise charakterliche Mängel und werden schnell verstanden

Schimpfwörter. Immer wieder aufs Neue war ich überrascht, wie präzise sie charakterliche Mängel beschreiben konnten und wie schnell sie verstanden wurden, und wie blitzschnell der Beschimpfte eine Antwort bereit hatte. Sehr schnell hatte ich also Schimpfwörter gefunden, die ich den "Todsünden" leicht zuordnen konnte. Ich suchte nun aus dem großen Schatz der täglichen Umgangssprache einige allgemein verständliche Schimpfwörter, die ich meinem Typenmodell zuordnete. "Tranfunzel" für Trägheit, "Großkotz" für Hochmut, "Lästermaul" für Gier, "Geizhals" für Geiz, "Flittchen" für Wollust. Doch weder für Neid noch für Zorn fand ich günstige Bezeichnungen in der Welt der allgemein verständlichen Schimpfwörter. Also wurde ich selbst tätig und erfand den "Fetzer" für Zorn, wobei mir das Bild von "Kleider zerfetzen" vor Augen war. Für den Neid beschrieb ich das zugrundeliegende mangelnde Selbstwertgefühl, denn nur wer sich selbst nicht sicher fühlt, ist neidisch auf andere. Dieses mangelnde Selbstwertgefühl drücken betroffene Menschen häufig mit folgenden Sätzen aus: "Ich bin nichts, ich kann nichts, ich hab' nichts". Daraus leitete ich den "Binnichts" ab in die Kurzfassung: Binnix.

Die sieben Kellerkinder: Tranfunzel Fetzer Lästermaul Großkotz Flittchen Geizhals Binnix

Es war also geschafft! Mit großer Freude stellte ich in einer Serie von Vorträgen die sieben Kellerkinder sowohl einem großen Publikum als auch Kursteilnehmern im kleineren, intensiveren Rahmen vor. Aber ich mußte eine herbe Entdeckung machen: zwar fanden alle, denen ich es vorgetragen hatte, das Typenmodell überzeugend und leicht verständlich, und jeder probierte es gleich an anderen aus, aber für sich selbst benutzte es niemand. Ich begriff also: sehr, sehr behutsam nur kann sich der Forschende seinen eigenen Kellerkindern nähern.

Sehr, sehr behutsam nur kann sich der Forschende seinen eigenen Kellerkindern nähern

Übungsteil.

1. *Welches sind die sieben Todsünden?*

Bitte schreiben Sie zügig die Todsünden auf, die Ihnen spontan einfallen, ohne im vorhergehenden Text nachzublättern. Bitte beachten Sie auch die Reihenfolge, in der Ihnen die Todsünden eingefallen sind.

2. *Welche der sieben Todsünden ist Ihnen nicht eingefallen?*

Beschreiben Sie ausführlich und konkret, was Sie unter der Todsünde verstehen, die Ihnen nicht eingefallen ist. Beschreiben Sie auch die von Ihnen gewählte Reihenfolge, wobei Sie den Hinweis beachten sollten, daß einem die "wesensfernste Todsünde" am ehesten einfällt, während einem die "wesensnächste" am spätesten einfällt.

3. *Warum ist Ihnen die eine Todsünde nicht eingefallen?*

Beschreiben Sie ausführlich die Ängste, die Sie mit dieser einen Todsünde verknüpfen.

4. *Welches sind die sieben Kellerkinder?*

Bitte schreiben Sie zügig die Kellerkinder auf, die Ihnen spontan einfallen, ohne im vorhergehenden Text nachzublättern. Bitte beachten Sie auch die Reihenfolge, in der Ihnen die Kellerkinder eingefallen sind.

5. *Welches der sieben Kellerkinder ist Ihnen nicht eingefallen?*

Beschreiben Sie ausführlich und konkret, was Sie unter dem Kellerkind verstehen, das Ihnen nicht eingefallen ist. Beschreiben Sie auch die von Ihnen gewählte Reihenfolge, wobei Sie den Hinweis beachten sollten, daß einem das "wesensfernste" Kellerkind am ehesten einfällt, während einem das "wesensnächste" am spätesten einfällt.

6. *Warum ist Ihnen das eine Kellerkind nicht eingefallen?*

Beschreiben Sie ausführlich die Ängste, die Sie mit diesem einen Kellerkind verknüpfen.

7. *Haben Sie geschummelt?*

Beschreiben Sie so ehrlich wie möglich, wie Sie versucht haben, sich vor sich selbst zu verstecken, indem Sie "heimlich" doch zurückgeblättert haben, oder wie Sie Entschuldigungen für sich selbst gesucht haben, obwohl Sie niemand angeklagt hat. Versuchen Sie Ihren inneren Dialog zwischen der Figur, die ehrlich sein will, und der, die immer "lieb" sein will, ausführlich zu beschreiben.

Entsprechungen

Einleitung.

Im Folgenden sind eine ganze Reihe von Zuordnungen aufgeführt, um dem Leser die Möglichkeit zu geben, herauszufinden, wie sich verschiedene Erscheinungsformen auf verschiedenen Ebenen gleichen. Somit erhält die scheinbar unübersichtliche Welt der Erscheinungsformen eine erste Ordnung. Ich schreibe bewußt "erste Ordnung", denn sie ist statisch und kann deswegen nur ein erster Anhaltspunkt sein. Eine wirkliche Ordnung kann nur dynamisch sein, wenn sie eine Wirklichkeit abbilden soll, die sich dauernd ändert. Ideal hierfür ist das Enneagramm, das, mit überragender Intelligenz ausgestattet, die Möglichkeit bietet, im ersten Schritt Zuordnungen zu sammeln und im nächsten Schritt die Möglichkeit anbietet zu erforschen, wie die Zuordnungen in Beziehung zueinander treten können.

Verschiedene Erscheinungsformen gleichen sich auf verschiedenen Ebenen

Eine wirkliche Ordnung kann nur dynamisch sein

Wenn man in seinen eigenen Keller hinabsteigen will, so benötigt man neben einer gehörigen Portion Mut einen Schlüssel, Licht und Wissen, wozu und wie man dort Ordnung schaffen will. Das Enneagramm bietet diese drei Voraussetzungen. Niemandem wird empfohlen, seinen Keller ohne Schlüssel, ohne Licht und ohne Plan zu betreten. Dem Übenden sei empfohlen, die folgenden Blätter immer wieder "absichtslos" durchzublättern und sich so, ganz allmählich und ohne Druck, dem Enneagramm mit seinen verschiedenen Zuordnungen zu nähern. Der Betrachter ist aufgefordert, einfach nur mit "Staunen" auf diesen kosmischen Universalschlüssel zu schauen und ihn wirken zu lassen.

Um in den eigenen Keller hinabzusteigen, benötigt man neben einer gehörigen Portion Mut einen Schlüssel, Licht und Wissen, wozu und wie man dort Ordnung schaffen will

Der kosmische Universalschlüssel

Das Enneagramm

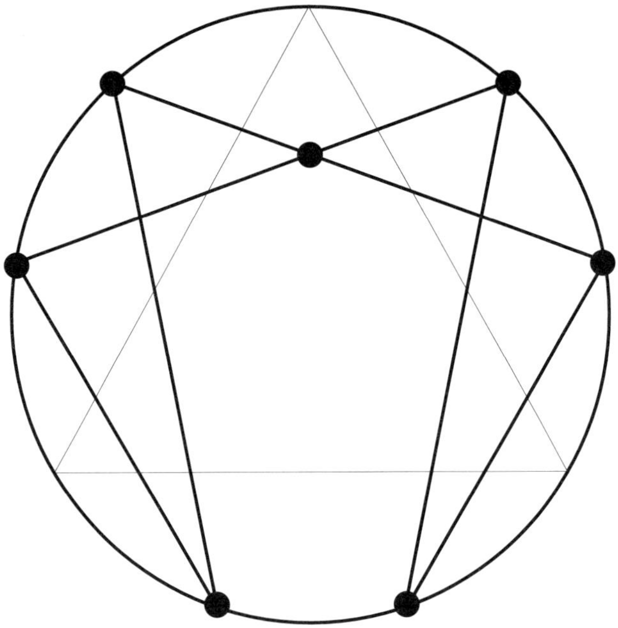

Die sieben Planeten mit ihren astrologischen Symbolen

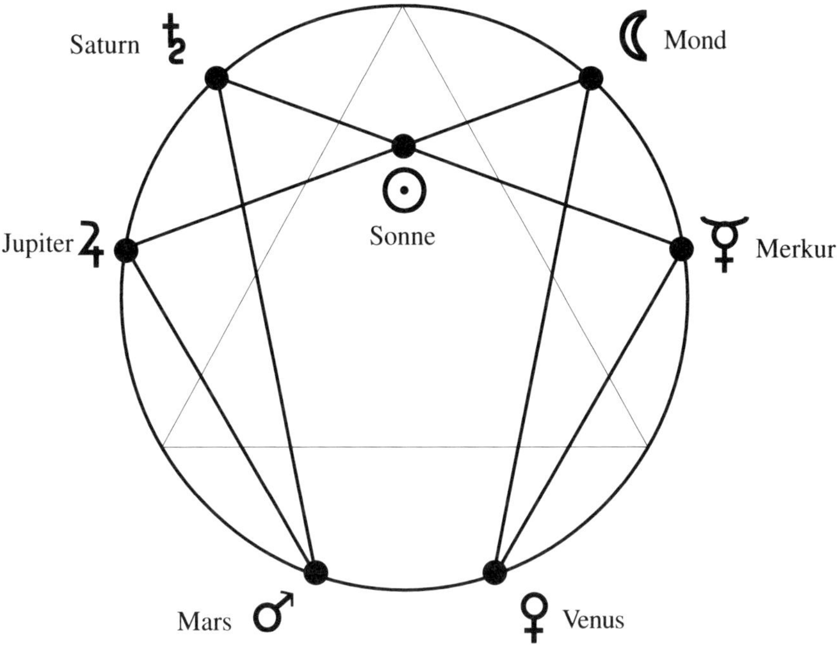

Die sieben Planeten als Eigenschaften

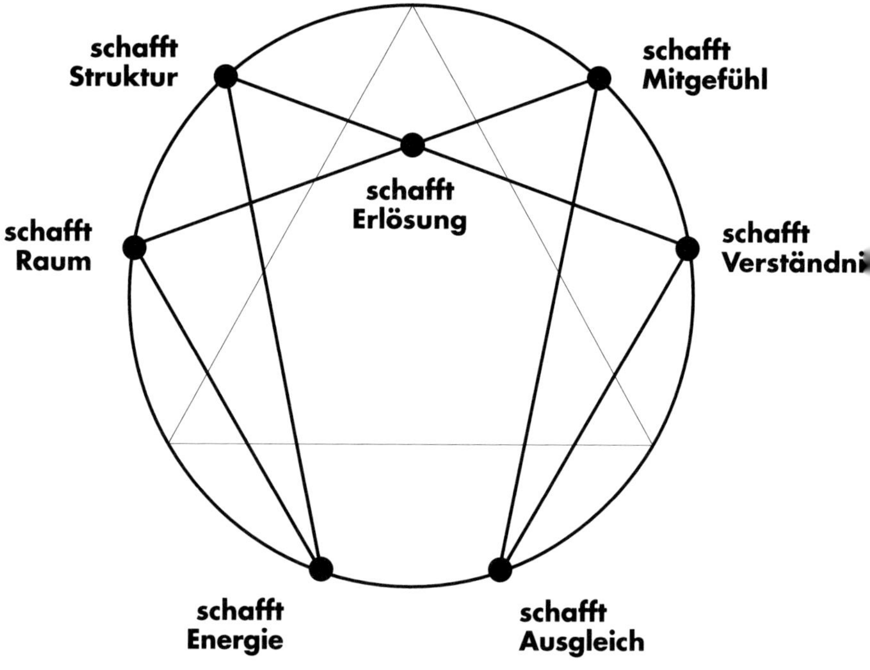

Die sieben Farben

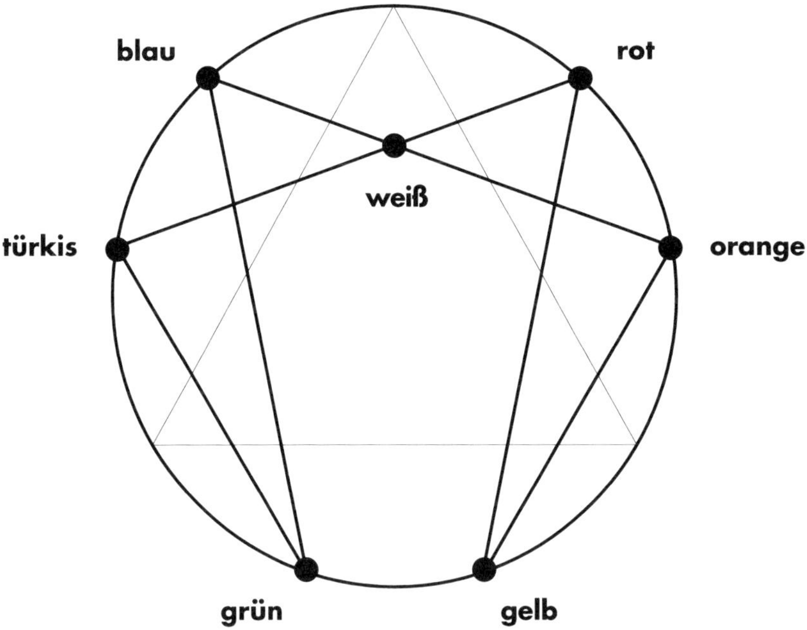

Die sieben Organe*

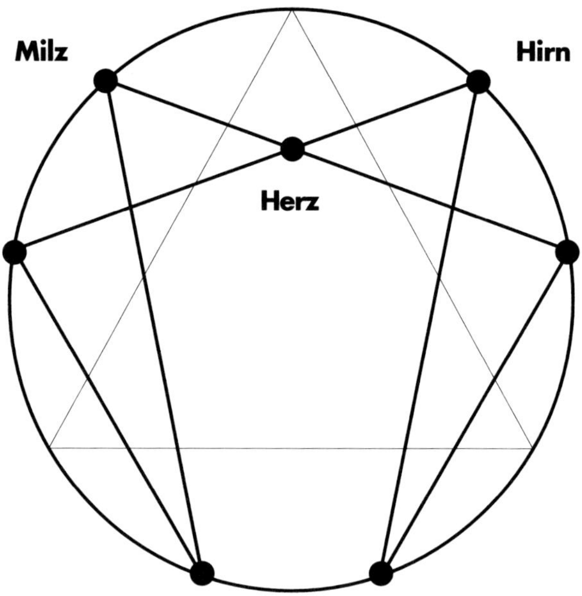

*) nach Paracelsus

Die sieben Metalle

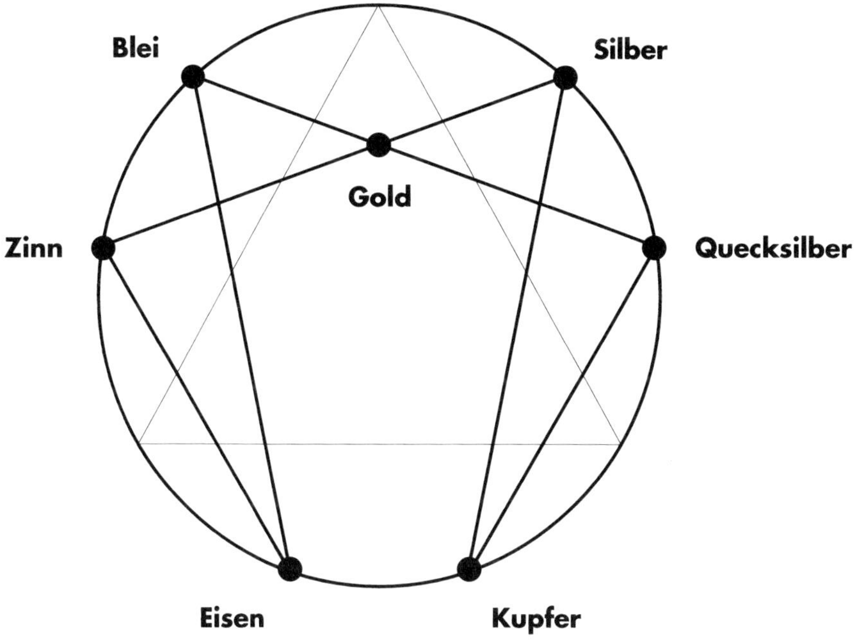

Die sieben Drüsen

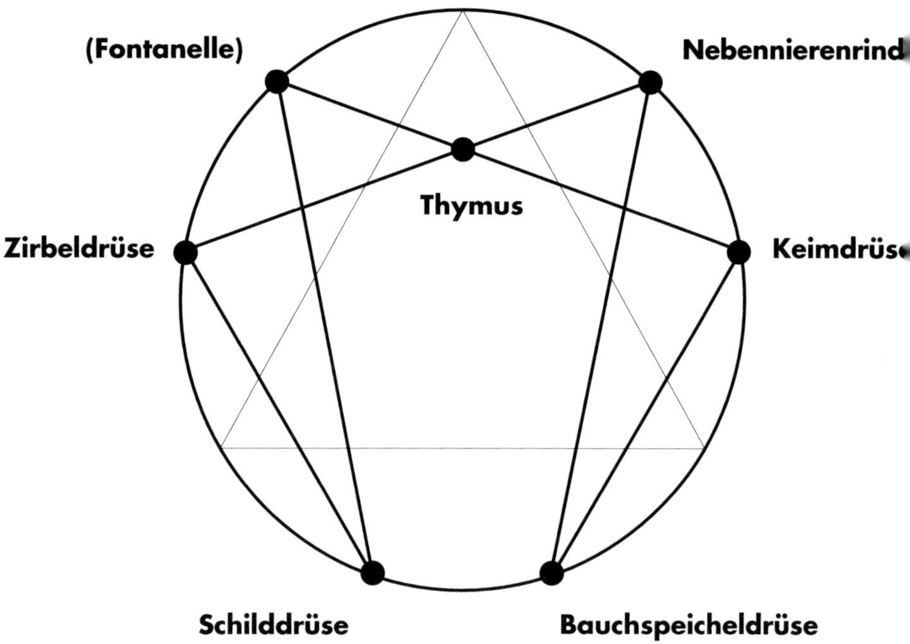

Die sieben Chakren

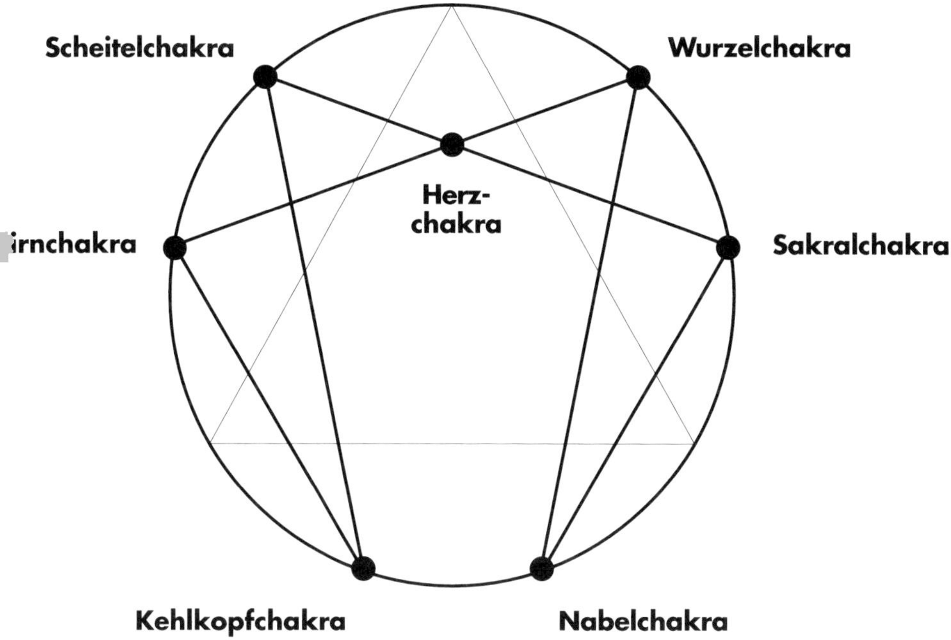

Die sieben Wochentage

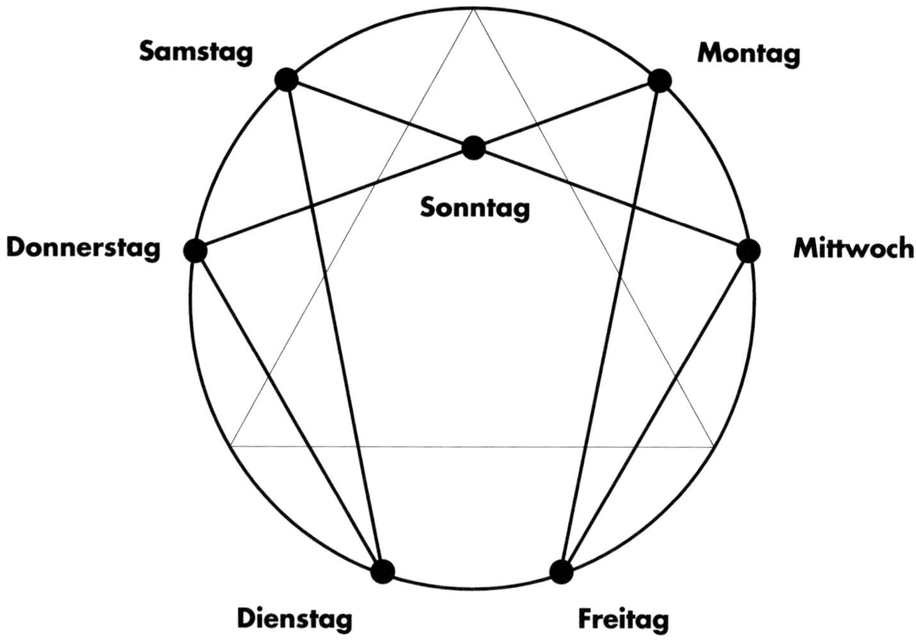

Die sieben Todsünden

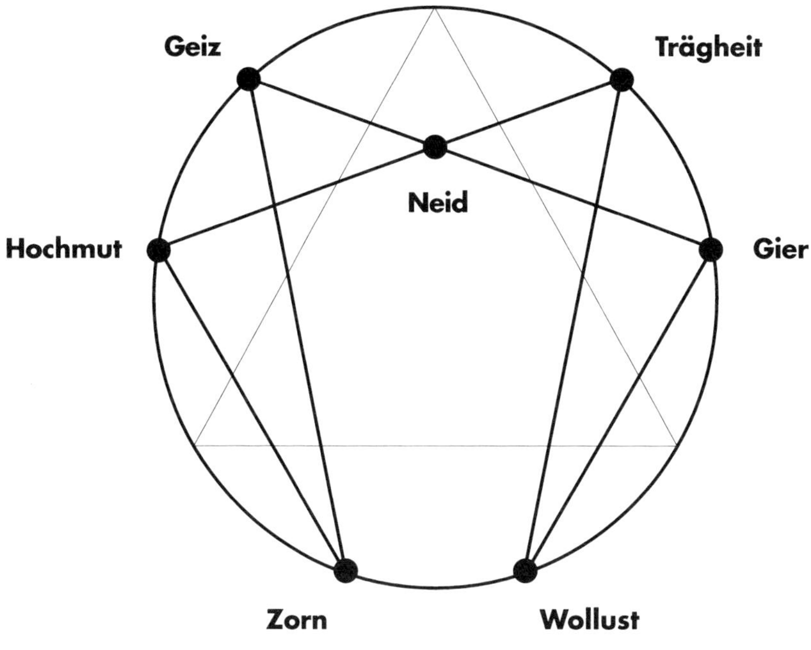

Die sieben Kellerkinder®

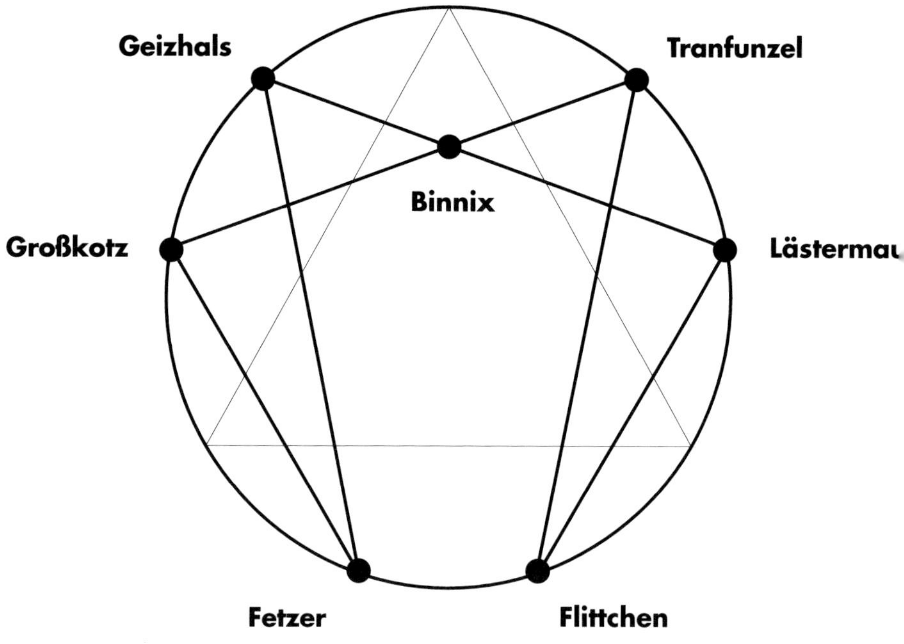

Die sieben Familienmitglieder

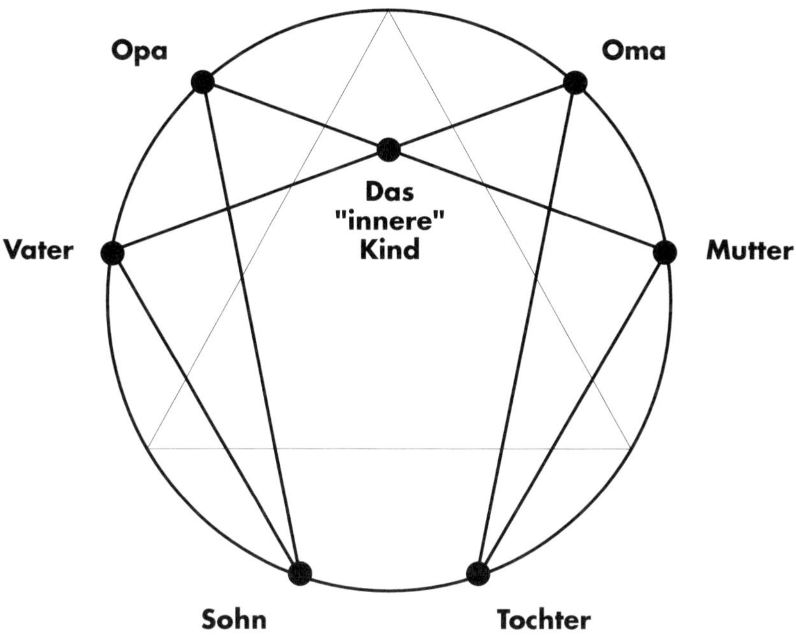

Die sieben Süchte

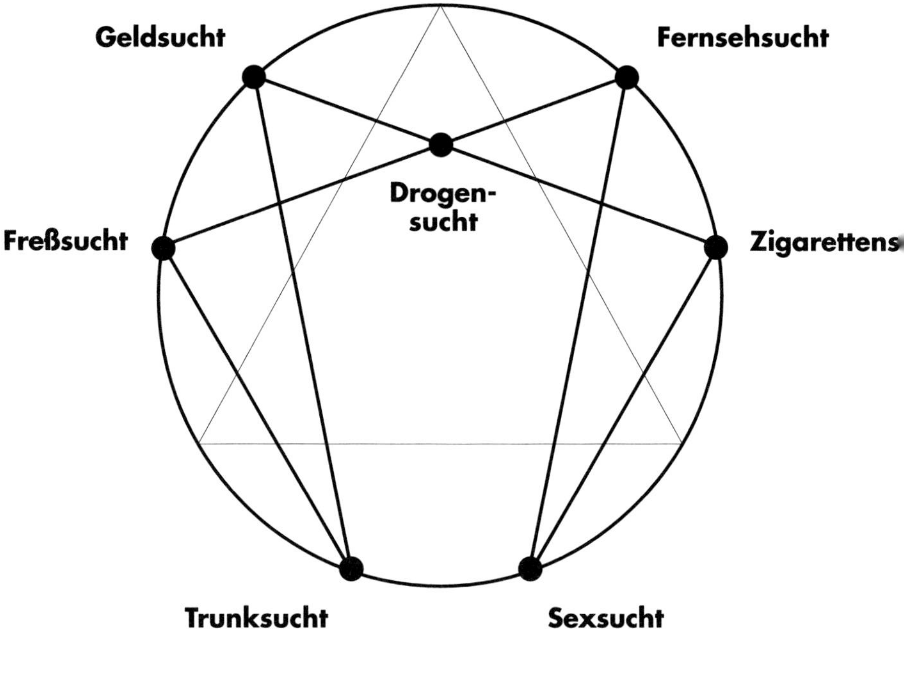

Die erlösten Kellerkinder als kreative Energien

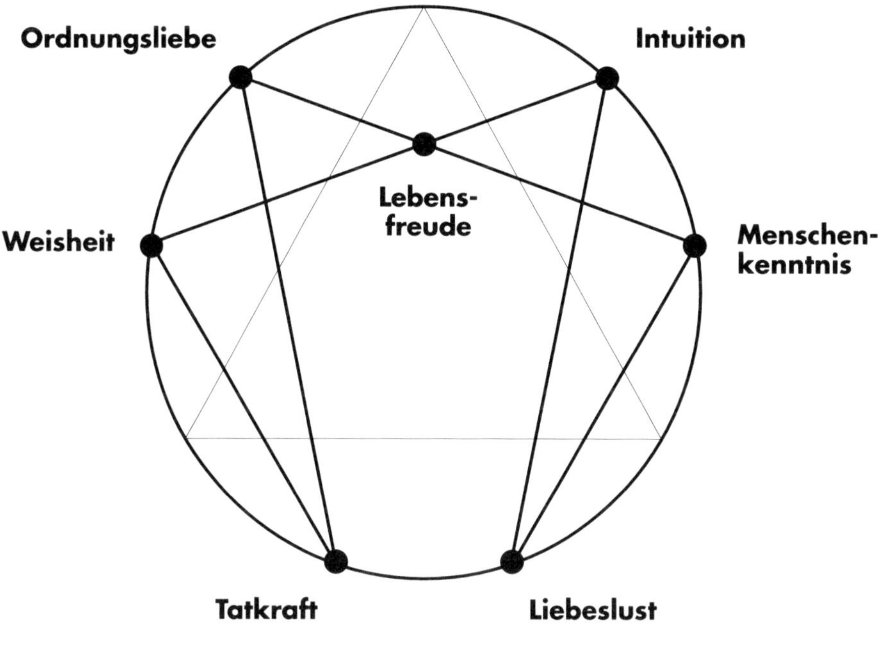

Übungsteil.

1. Ich habe alle Entsprechungen in Ruhe betrachtet und versuche sie jetzt zu ordnen.

Bitte schreiben Sie die Analogiereihen auf, die Ihnen noch im Gedächtnisn geblieben sind. Welche Assoziationen fallen Ihnen noch zu den folgenden Kellerkindern ein:
Tranfunzel
Fetzer
Lästermaul
Großkotz
Flittchen
Geizhals
Binnix

2. Welche Entsprechungen finde ich absurd?

Bitte schreiben Sie auf, welche Entsprechungen Sie bei besten Willen nicht "zusammenbringen" können.

3. Welche Entsprechungen finde ich einsichtig?

Bitte schreiben Sie jene Entsprechungen auf, die Ihnen spontan nachvollziehbar erscheinen.

Erste Begegnung

Einleitung.

Im Folgenden sollen nun die sieben Kellerkinder in einer ersten Begegnung vorgestellt werden. Rein assoziativ und intuitiv werden die einzelnen Energieformen von mir sehr menschlich beschrieben und geben somit erste Berührungspunkte im wahrsten Sinne des Wortes. So wird der Übende seinen Blick einmal für sich selbst und zum anderen für seine Mitmenschen schärfen und immer feiner die verschiedenen Energieformen zuordnen können.

Die folgende Anweisung soll dem Übenden ermöglichen, den ersten Kontakt mit den Kellerkindern effektiv zu gestalten. Gerade die erste Begegnung ist von hoher Intensität, da sie noch die "staunende Unschuld" in sich birgt. Jede Seite, die eines der sieben Kellerkinder beschreibt, soll laut gelesen werden, und die Worte sollen so lange nachhallen, bis im Inneren eine Figur entsteht, die dem Wesen des jeweiligen Kellerkindes entspricht. Dann wird der Übende zuerst einmal aufgefordert, über das Ausfüllen der Tagebuchblätter spontan die Übereinstimmungen der Kellerkindertypen mit seinen Verwandten, Freunden, Bekannten und Kollegen zu erforschen.

Die erste Begegnung mit den Kellerkindern ist von hoher Intensität, da sie noch die "staunende Unschuld" in sich birgt

Eigentlich ist es selbstverständlich, aber zur Sicherheit sei noch einmal darauf hingewiesen: niemand ist dieses oder jenes Kellerkind, sondern er hat dem einen oder anderen Kellerkind gerade einen großen Spielraum überlassen. Wenn er das begreift und akzeptiert, könnte er es liebevoll erziehen und dadurch einen unglaublichen Zuwachs an kreativen Kräften erzielen.

Durch liebevolle Erziehung der Kellerkinder kann man einen unglaublichen Zuwachs an kreativen Kräften erzielen

Die Tranfunzel.

Die Tranfunzel ist sehr gemütlich, schwerfällig und oft dick. Sie hat teigige Haut und fettige Haare. Die schlampigen Kleider wechselt Tranfunzel nur selten, sie wäscht sich nicht gerne. So entsteht ihre eigene "Duftglocke", in der sie sich sehr wohl fühlt. Sie riecht immer wieder an sich herum, um über ihre eigene Geruchsinformation zu sich selbst zurückzufinden. Wenn das Duschen unvermeidbar geworden ist, so wartet Tranfunzel so lange, bis der Wasserstrahl die genaue Körpertemperatur hat, damit sie ihn nicht spürt. Tranfunzel trocknet sich nie richtig ab und schlüpft noch feucht wieder in die Kleider, die sie oft auch nach dem Duschen nicht wechselt.

Die Tranfunzel fühlt sich in ihrer eigenen "Duftglocke" sehr wohl

Tranfunzel liest gerne Comics auf dem Klo. Ihr Lieblingssatz ist: "Jetzt machen wir es uns schön gemütlich". Ihre besondere Leidenschaft ist das zweite Frühstück, das oft in das Mittagessen übergeht und im anschließenden Mittagsschlaf, der sich bis zum Abendessen ausdehnt, endet.

Der Lieblingssatz von Tranfunzel ist: "Jetzt machen wir es uns schön gemütlich"

Tranfunzel liest gerne die Zeitung, vor allem die Todesanzeigen, wobei sie immer nachrechnet, wie alt die Verstorbenen geworden sind - vor allem da, wo runde Jahreszahlen das Rechnen nicht zu anstrengend machen. Tranfunzel versteht sehr wenig, aber hat dafür ein sehr großes Verständnis für vieles. Tranfunzel hat es heute in der schnelllebigen Zeit sehr schwer, und häufig freut sie sich abends aufs Bett. Tranfunzel liebt es, ausgiebig jeden Abend fernzusehen. Gerne schaut sie Talkshows, in denen sie sich vom Talkmaster immer persönlich angesprochen fühlt. Tranfunzel hat ein sehr feines Gefühl für Stimmungsschwankungen und ein tiefes Mitgefühl für alles Lebende.

Tranfunzel versteht sehr wenig, aber hat dafür ein sehr großes Verständnis für vieles

Der Fetzer.

Der Fetzer fühlt sich immer gleich angegriffen und wehrt sich immer. Er ist eckig und grob und eckt überall an, tritt überall dagegen, lehnt sich überall drauf, tritt einem auf die Füße und spricht immer mit so lauter Stimme, daß es sich wie Schreien anhört. Seine Stimme ist rauh und hört sich an, als müßte er gegen eine innere Stimme, die ihn bremsen will, anschreien. Er wird schnell rot und ist oft zornig, dann schwellen ihm Stirn und Halsschlagader ziemlich heftig an. Ist Fetzer nicht in Rage, dann ist er auf Achse. Morgens während des Stuhlgangs rasiert er sich schon und macht gleichzeitig auch noch das Kaffeewasser heiß und schaltet seinen Personal-Computer an. Fetzer kann nicht warten und zuckt nervös. Jede Minute ist geplant: der Druck auf den Knopf beim Radio, die Musikauswahl, die Anzahl der Brötchen, der Espresso, von denen er zwei bis drei braucht "um in Schwung zu kommen".

Der Fetzer ist eckig und grob und eckt überall an, fühlt sich schnell angegriffen und ist oft zornig

Beim Fetzer ist jede Minute geplant

Auf Parkettböden hört man ihn schon von weitem, denn er geht nicht, sondern er stampft. Fetzer lacht laut über seine Witze und haut sich dabei auf die Schenkel. Fetzer trinkt gerne "scharfe Sachen" und ist deswegen gerne häufig betrunken. Wenn Fetzer geistig ausgebildet ist, dann macht er ironische oder sarkastische Witze über andere. Er ist sehr schlagfertig, kann aber selbst keinen Schlag einstecken.

Er ist sehr schlagfertig, kann aber selbst keinen Schlag einstecken

Flirten heißt für Fetzer, sich sehr gekonnt über seine Partnerin lustig zu machen. Im Bett ist Fetzer sehr feurig, aber nur sehr kurz erhitzt, so daß die Partnerin oft unzufrieden bleibt. Fetzer, der keine Kritik ertragen kann, schiebt ihr dann die Schuld sehr überzeugend zu.

Das Lästermaul.

Lästermaul ist sehr feige und deswegen erregt sie sich gerne an den Lastern anderer

Lästermaul kann gut beobachten und hat einen untrüglichen Instinkt für die Schwächen anderer. Lästermaul ist sehr feige und deswegen erregt sie sich gerne an den Lastern anderer und beschreibt sie sehr einfühlsam und ausführlich jedem, der es hören will. Lästermaul nährt sich vom nackten Entsetzen im Gesicht dessen, den sie mit einer üblen Nachricht "beglückt". Je entsetzlicher die Botschaft, desto freudiger übermittelt Lästermaul das von ihr kreativ veränderte Gerücht hinter vorgehaltener Hand. Ihre Stimme nimmt dabei einen vertraulich-mitwisserhaften Ton an. Lästermaul hat pausenlos den nasal-verschwörerischen Ton: "Hast du schon gehört?". Durch ihre gesenkte Stimme will sie pausenlos Aufmerksamkeit erregen. Sie sucht immer Komplizen und Komplizinnen. Heutzutage spielt Lästermaul gerne Tennis und liebt das Vereinsleben. Oft geht sie in die Sauna, wo sie sich gerne laut über andere lustig macht. Mitunter erzählt sie schon mal einen zweideutigen Witz. Lästermaul hat keinen hübschen Mund. Die Lippen krausen sich in Falten aus und die Zähne sind braun. Lästermaul hat manchmal schmale Schultern, dicke Oberarme und dicke Beine. Sie bemüht sich, schön zu sein und hat mitunter teure Parfums. Wenn Lästermaul geistig ausgebildet ist, dann spricht sie sehr unpersönlich über politisch-kulturelle Themen, aber egal worüber sie im einzelnen spricht, sie muß immer Schlechtes über jemanden reden. Die allgemeine Verrohung von Sitte, Anstand und Moral sind ihre Lieblingsthemen. Sie findet nicht zu ihrer Würde, sie bemüht sich angestrengt, immer äußerlich jung zu bleiben, und altert doch schnell weg.

Durch ihre gesenkte Stimme will sie pausenlos Aufmerksamkeit erregen

Lästermaul findet nicht zu ihrer Würde, sie bemüht sich angestrengt, immer äußerlich jung zu bleiben und altert doch schnell weg

Der Großkotz.

Großkotz will immer der Wichtigste sein, und alles, was ihn umgibt, gerät ihm zum Zeichen seiner Macht, gleichgültig wie machtlos er ist. Großkotz blickt immer auf andere herab und belehrt sie großzügig und ohne Pause. Er kennt keinen Dialog sondern nur die Predigt. Seine durchaus wohltönende Stimme tönt jede andere nieder. Seinem Namen entsprechend kotzt er gerne große Worte.

Großkotz will immer der Wichtigste sein, blickt auf andere hinunter und belehrt sie großzügig pausenlos

Großkotz stellt ständig seine Kompetenz zur Schau. Stellt man ihm eine Frage, so darf man keine schnelle Antwort erwarten; erst mal nimmt er sich Raum und erklärt weitschweifig, wie er die Welt im Allgemeinen versteht, sodann entwickelt er sehr breit die Antwort und hierbei suhlt er sich richtig in seiner Kompetenz. Ein typisches Beispiel: wenn die zwölfjährige Tochter ihren Vater nur um eine kurze Antwort für ihre Mathematikhausaufgaben bittet, dann neigt er dazu, diese Situation auszunutzen. Weit ausholend demonstriert er seine Überlegenheit in mathematischen Fragen und sehr schnell bereut die Tochter, ihn gefragt zu haben.

Großkotz stellt ständig seine Kompetenz zur Schau

Großkotz ist oft dick und schämt sich nicht dafür, sondern streckt seinen Bauch gerne provozierend heraus. Er ist in seinen Geschichten, die er oft in unpassenden Momenten "an den Mann" bringt, immer der Held. Mit wachsender Intellektualität wird die Heldenrolle immer subtiler, und es kostet immer mehr Mühe herauszubekommen, daß der Erzähler ein Angeber ist.

Großkotz ist in seinen Geschichten, die er oft in unpassenden Momenten "an den Mann" bringt, immer der Held

Es ist sehr lustig zu beobachten, wenn Großkotz sich etwas gekauft hat, mit welch auffälliger Unauffälligkeit er die Aufmerksamkeit auf seine neue Anschaffung lenkt.

Das Flittchen.

Flittchen läßt nie die Gelegenheit zu einem Flirt ungenutzt verstreichen

"Berühren und berührt werden" ist Flittchens Lebensmotto

Flittchen ist unglaublich neugierig und will auch alles ausprobieren, kriegt aber sehr schnell Angst vor den Konsequenzen

Flittchen ist immer in einen oder mehrere Liebespartner verliebt - oft gleichzeitig. Nie läßt Flittchen die Gelegenheit zu einem Flirt ungenutzt verstreichen. Flittchen kann kaum Lippen betrachten, ohne den heftigen Wunsch zu verspüren, sie zu küssen. "Berühren und berührt werden" ist Flittchens Lebensmotto.
Sie sucht immer die große Liebe ihres Lebens. Sie denkt an nichts anderes als pausenlos nur daran. Sie glaubt an den Märchenprinzen, der sie erlöst. Stundenlang schaut sie sich Liebesfilme an. Sie kann einen Flirt richtig genießen und ist enttäuscht, wenn er sich zum Ende neigt. Lange will sie nicht wahrhaben, daß es schon vorbei ist. Nach einer Liebesaffäre kann sie sich lange nicht von den Geschenken trennen, und Bilder von "längst Verflossenen" zieren ihre Wohnung.
Flittchen ist unglaublich neugierig und will auch alles ausprobieren, kriegt aber sehr schnell Angst vor den Konsequenzen. Als junges Mädchen liebt sie es sehr, wenn der ältere Bruder oder Vater ihr im Spiel hinterherläuft, um sie zu fangen. Sie quietscht dann vor Angst und Vergnügen und ist enttäuscht, wenn der Fänger das Spiel einstellt.
Flittchen empfängt und sendet andauernd sexuelle Signale. Sehr häufig fährt sie sich, wenn sie sich unbeobachtet glaubt, mit der Zunge über die Lippen und postiert sich so, daß ihre Reize gut zur Geltung kommen. Flittchen wittert hinter jeder Äußerung zweideutige Andeutungen. Häufig empfindet Flittchen ihre Liebesvorstellungen so heftig, daß sie sich selbst streichelt und es sehr genießt, bis sie sich plötzlich sehr einsam und schuldig fühlt.

Der Geizhals.

Der Geizhals hat einen sehr harten Körperpanzer. Schmerzhafte und schlechte Erfahrungen hält er gerne fest, damit er nie vergißt, was ihm angetan wurde. Geizhals will das Leben auf keinen Fall leben, sondern immer berechnen. Wenn etwas Unvorhergesehenes geschieht, dann ist Geizhals sofort überfordert, und in ungeschickten und linkischen Körperbewegungen versucht er vergeblich, den Streß abzubauen. Geizhals tut nichts, was nicht im Gesetz verankert ist. Er liebt Regeln, Sitten, Moral und Doktrinen über alles, denn das gibt ihm Sicherheit. Er weiß immer, was sich gehört und ist in jungen Jahren sehr gehorsam. In späteren Jahren verlangt er bedingungslosen Gehorsam und ist sehr streng. Geizhals sieht die Welt als eine Unsumme von moralischen Gesetzen, die die anderen befolgen müssen. Er nörgelt viel herum und erklärt den Verzicht als oberstes Gesetz, damit er sich in Ruhe selbst bereichern kann. Er freut sich diebisch über günstige Einkäufe, und wenn er zum Essen eingeladen wird, frißt er bis zum Umfallen. Sonst lebt er sehr karg und langweilig.

Die Lieblingsfarbe von Geizhals ist grau, und er liebt es, im Hintergrund zu bleiben, von wo aus er die Fäden ziehen kann. Geizhals ist in Maßen reich. Er hat immer mehrere Sicherheiten und Konten im Hintergrund. Das gleiche gilt für seine psychische Welt: er hält sich immer mehrere "Hintertürchen" offen, so daß er nie irgend jemandem ausgeliefert ist. Man sieht ihm keinesfalls an, daß er reich ist. Gerne trägt er abgetragene Kleidung. Da Geizhals glaubt, daß er immer ausgenutzt wurde, hat er für sich die Berechtigung gefunden, andere auszunutzen.

Der Geizhals hat einen sehr harten Körperpanzer. Er will das Leben nicht leben, sondern berechnen

Geizhals sieht die Welt als eine Unsumme von moralischen Gesetzen, die die anderen befolgen müssen

Geizhals hat immer mehrere Sicherheiten und Konten im Hintergrund

Binnix.

Binnix unterstellt allen anderen, daß "sie das große Los gezogen haben", deshalb ist er extrem neidisch und eifersüchtig

Binnix erregt immer Mitleid, das er sehr geschickt für seinen ganz geheimen Größenwahn nutzt

Sein starkes Minderwertigkeitsgefühl will er durch intensive Rauschzustände kompensieren

Binnix lächelt sehr viel, um seine dauernde Unsicherheit zu verbergen. Von klein auf ist ihm das Selbstwertgefühl aus dem Leib geprügelt, oder durch kalte Verachtung aus dem Herzen geeist worden. Binnix irrt überfordert durchs Leben, da er sich in der Gesellschaft immer am falschen Ort fühlt und nie den Platz findet, wo er hingehört. Binnix unterstellt allen anderen, daß "sie das große Los gezogen haben", deshalb ist er extrem neidisch und eifersüchtig. So hadert Binnix immer mit seinem Schicksal, und das erschöpft ihn sehr: er wirkt bleich und eingefallen, schwächlich und zurückgeblieben. Binnix hat dünne Haare, dünne Lippen, kleine Ohren, durchscheinende Haut und sehr traurige Augen. Seine Kleider passen niemals, da er beim Kauf seine Größe nie richtig einschätzt. Binnix liebt es sehr, verlegen herumzustehen, um so auf seine Hilflosigkeit hinzuweisen. Binnix spricht sehr leise und stottert manchmal gerne. Binnix erregt immer Mitleid, das er sehr geschickt für seinen ganz geheimen Größenwahn nutzt. Binnix inszeniert Einsamkeit perfekt. Binnix ist anfällig für jeden Rauschzustand, für jedes Angebot, daß die Realität nicht so sein möge, wie sie ist. Sein starkes Minderwertigkeitsgefühl will er durch intensive Rauschzustände kompensieren. Im Rausch kann er neue, eigenen Welten erschaffen, in denen er der Mittelpunkt ist. Binnix zieht Haschisch, LSD, Kokain und Stärkeres der Droge Alkohol vor. Je mehr er von diesen Rauschzuständen erlebt, um so größer wird sein Wirklichkeitsverlust. Je mehr Binnix die Kreativität seines Herzens im Rausch verpuffen läßt, um so kälter und einsamer wird sein Herz.

Übungsteil.

1. Beschreiben Sie eine Tranfunzel.

Halten Sie Ausschau in Ihrem Verwandten-, Bekannten- und Freundeskreis und unter Berufskollegen, ob Sie dort einen Menschen entdecken, der seiner Tranfunzel einen großen Spielraum überläßt. Beschreiben Sie auch die Beziehung, die Sie zu diesem Menschen haben!

2. Beschreiben Sie einen Fetzer.

Halten Sie Ausschau in Ihrem Verwandten-, Bekannten- und Freundeskreis und unter Berufskollegen, ob Sie dort einen Menschen entdecken, der seinem Fetzer einen großen Spielraum überläßt. Beschreiben Sie auch die Beziehung, die Sie zu diesem Menschen haben!

3. Beschreiben Sie ein Lästermaul.

Halten Sie Ausschau in Ihrem Verwandten-, Bekannten- und Freundeskreis und unter Berufskollegen, ob Sie dort einen Menschen entdecken, der seinem Lästermaul einen großen Spielraum überläßt. Beschreiben Sie auch die Beziehung, die Sie zu diesem Menschen haben!

4. Beschreiben Sie einen Großkotz.

Halten Sie Ausschau in Ihrem Verwandten-, Bekannten- und Freundeskreis und unter Berufskollegen, ob Sie dort einen Menschen entdecken, der seinem Großkotz einen großen Spielraum überläßt. Beschreiben Sie auch die Beziehung, die Sie zu diesem Menschen haben!

5. Beschreiben Sie ein Flittchen.

Halten Sie Ausschau in Ihrem Verwandten-, Bekannten- und Freundeskreis und unter Berufskollegen, ob Sie dort einen Menschen entdecken, der seinem Flittchen einen großen Spielraum überläßt. Beschreiben Sie auch die Beziehung, die Sie zu diesem Menschen haben!

6. Beschreiben Sie einen Geizhals.

Halten Sie Ausschau in Ihrem Verwandten-, Bekannten- und Freundeskreis und unter Berufskollegen, ob Sie dort einen Menschen entdecken, der seinem Geizhals einen großen Spielraum überläßt. Beschreiben Sie auch die Beziehung, die Sie zu diesem Menschen haben!

7. Beschreiben Sie einen Binnix.

Halten Sie Ausschau in Ihrem Verwandten-, Bekannten- und Freundeskreis und unter Berufskollegen, ob Sie dort einen Menschen entdecken, der seinem Binnix einen großen Spielraum überläßt. Beschreiben Sie auch die Beziehung, die Sie zu diesem Menschen haben!

Spiel der Kellerkinder

Einleitung.

Am Samstag, dem 15. März 1997, hielt ich in München einen Vortrag über "Die sieben Kellerkinder®". Vorträge im üblichen Sinne sind für meine Arbeit nicht sinnvoll, da ich nicht den Verstand, sondern das Herz der Zuhörer erreichen will. Aus diesem Grund baute ich meinen Vortragsabend zu einem spontanen Forschungsereignis um.

Anhand meines Kommunikationstheaters wollte ich gemeinsam mit dem Publikum eine Geschichte entwickeln, in der die sieben Kellerkinder lebendig erscheinen sollten.

Anhand meines Kommunikationstheaters wollte ich gemeinsam mit dem Publikum eine Geschichte entwickeln, in der die sieben Kellerkinder lebendig erscheinen sollten

Das Publikum an diesem Abend bestand aus ca. 250 Frauen und Männern, darunter viele Therapeuten, Künstler, Esoteriker, aber auch viele Menschen aus dem Geschäftsleben - die Typologie verschiedener Menschentypen hatte sie alle angelockt.

Die Veranstaltung war als "Die sieben Kellerkinder®" angekündigt und der Abend war wie folgt aufgebaut:

Zuerst führte ich das Publikum ohne spielerischen Aufwand anhand meines Plakates in die Typologie der sieben Kellerkinder ein. Ich erklärte die Zuordnung zu den sieben Wochentagen, den sieben Chakren, den sieben Planeten und berichtete, wie ich den Begriff "Kellerkinder" entwickelt hatte. Außerdem erläuterte ich anhand des Plakates sowohl die negativen Charaktereigenschaften der sieben Kellerkinder, als auch deren erlöste Form als die sieben Wunderkinder.

(Im Folgenden ist der schnellen Übersicht wegen das Plakat in verkleinerter Form und in schwarz/weiß abgebildet.)

die sieben Kellerkinder® als Kraftquelle

nach der Galli Methode®

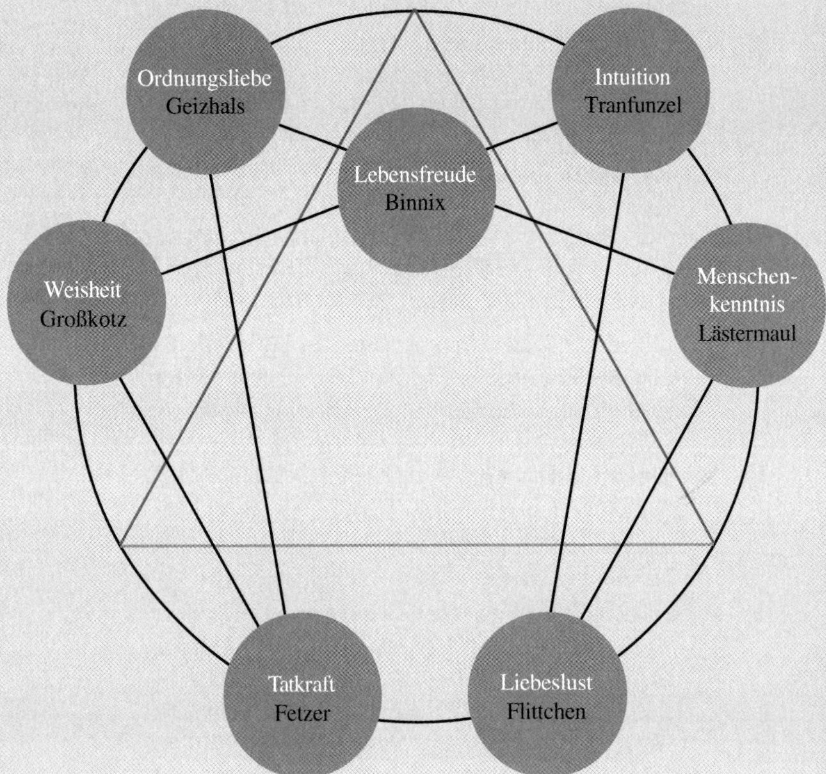

Die **Galli Methode®**
macht die Leichtigkeit
und Lebendigkeit des
spontanen Spiels zur
Grundlage des
persönlichen Wachstums.

Nach dieser Einführung in die Welt der Kellerkinder erläuterte ich ausführlich die Regeln des Kommunikationstheaters (siehe Galli Script: Kommunikationstheater).
Danach erklärte ich dem immer gespannter blikkenden Publikum: "Wir machen es jetzt so: Ich spiele zuerst von meiner Kellerkinder CD das Lied, dessen Atmosphäre einem ganz bestimmten Kellerkind entspricht, dazu tanze und bewege ich mich, so gut ich kann, in der Energie des betreffenden Kellerkindes.
Direkt anschließend an das Ende des Liedes beginne ich sofort, Sie zu Spielideen aufzumuntern, die Sie mir völlig frei zurufen. Ihre Ideen werde ich daraufhin direkt und spontan ins Spiel umsetzen.

Das jeweilige Kellerkind wird zu Musik getanzt und gespielt, und direkt im Anschluß wird mit dem Publikum eine Geschichte kreiert

Nach den einzelnen Stationen unserer gemeinsam geschaffenen Geschichte werde ich innehalten, die gespielte Geschichte deuten und die Energie des betreffenden Kellerkindes erläutern. Auf diese Weise wandern wir durch die unterschiedlichen Energiefelder der sieben Kellerkinder.
Indem wir sie gemeinsam schöpferisch gestalten, können wir uns nicht nur an ihrem ausgelassenen Wesen erfreuen, sondern wir können auch spüren, welches Kellerkind in uns welche Resonanz hervorruft.
Hochverehrtes Publikum, wir kreieren gemeinsam eine einmalige Geschichte, wie sie nur zu diesem Zeitpunkt, an diesem Ort, mit diesem Publikum möglich ist. Gleichzeitig bekommt jeder gespiegelt, welche Energien sich bei ihm noch in der unerlösten, blockierten Form befinden, und welche bereits erlöst für einen vitalen Alltag zur Verfügung stehen.
Wohlan, das Spiel möge beginnen."

Jeder bekommt gespiegelt, welche Energien bei ihm unerlöst und welche erlöst sind

Die Tranfunzel.

Musik und Spiel: Die Tranfunzel
Als erstes tanzte und spielte ich die "Tranfunzel" nach dem eigens hierfür komponierten, gleichnamigen Kellerkindermusikstück. Ich spielte gähnend eine sehr müde, träge Person, die sich auf einen Stuhl setzte. Dort nahm ich eine schlappe Haltung ein und blickte dösend in den Raum. Ich bohrte selbstvergessen in der Nase und gähnte, strich mir müde durchs Haar und gähnte wieder.
Nach dieser Einstimmung auf die Tranfunzelenergie begann ich das Kommunikationstheater. Dabei entwickelte sich folgende Geschichte:

Die Geschichte der Tranfunzel
Die Geschichte beginnt im Badezimmer. Opa ist im Badezimmer, rasiert sich und putzt sich die Zähne. Der Opa ist alt. Er rasiert sich mit viel Schaum und also naß, wozu er ein langes Messer benutzt. Jetzt betritt die Oma das Badezimmer. Sie hat einen Dutt, ist klein und sagt mit hoher Stimme zu Opa: "Opa, beeil dich, das Frühstück ist fertig" und mahnt, daß sonst das Ei anbrenne. Der Opa versichert zunächst, daß er gleich komme. Die Oma bemäkelt, daß der Opa so lange brauche. Er begründet, daß er keinen Hunger habe. Jetzt schneidet sich der Opa mit dem langen Messer, weil er gereizt ist. Die Oma stellt beleidigt fest: "Du magst mein Frühstück ja sowieso nicht. Immer richte ich dir alles schön hin, und das Ergebnis ist, du ißt es nicht". Doch der Opa beteuert, daß er das Frühstück schon wolle, aber daß er seine Zähne nicht finde. Die Oma reagiert darauf nicht und schimpft ungehalten: "Wir kommen zu spät zur Hochzeit!"

Die Deutung der Tranfunzel-Geschichte

An dieser Stelle hielt ich in der Geschichte zum ersten Mal inne und deutete die Geschichte. Die Tranfunzel wurde vom Publikum ausgezeichnet erfaßt.

Das Badezimmer ist der klassische Aufenthaltsort für die "Tranfunzel". Die typischen "Tranfunzel"-Dialoge schweben in endloser Gewohnheit hin und her - die Stimmung ist vertraut. Alltägliches wird ausgetauscht. Die täglichen Gewohnheiten geben uns Sicherheit - wir entspannen uns. In diesem ruhigen Umfeld ist Raum für inneres Wachstum, auch wenn er in unserer Geschichte nicht genutzt wird. Wem kann man schon sagen: "Du, äh, wo sind meine Zähne?" Diese Gewohnheit, diese Vertrautheit fügten sich zu einem stimmigen Tranfunzelbild. Auch die vom Publikum gewählten Figuren der Oma und des Opas repräsentieren den gemütlichen, bewahrenden, sicheren Part des Lebens, wo man sich als junger dynamischer Mensch auch gerne mal ausruhen kann.

Das Badezimmer ist der klassische Aufenthaltsort für die „Tranfunzel“

Oma und Opa repräsentieren die Tranfunzel

Doch diese Ruhe ist trügerisch. Die Tranfunzelenergie ist in unserer Geschichte nicht stabil, sondern äußerst labil. Oma bedrängt Opa in einem so hohen Maße, daß sich hier bereits das nächste Kellerkind, der "Fetzer", ankündigt. Plötzlich wird die Stimmung gereizt, und Opa schneidet sich mit dem Rasiermesser. Er ist nicht in der Lage, seine Aggression gegen Oma auszudrücken, sondern er richtet die Energie des Fetzers gegen sich selbst. Wir spüren deutlich, daß die weibliche Welt des Badezimmers jetzt schon vom Eindringen typischer männlicher Energie bedroht ist.

Die weibliche Welt des Badezimmers ist vom Eindringen typisch männlicher Energie bedroht

Verlassen wir jetzt also die Welt der Tranfunzel, die gemütliche, vertraute Welt und wenden uns der Welt des Fetzers zu.

Der Fetzer.

Musik und Spiel: Der Fetzer
Nun spielte und tanzte ich den Fetzer in sehr aggressiven Bewegungen. Die Gestik war spannungsvoll, schnell, zackig und kraftvoll. Die Augen waren schlitzförmig und gefährlich auf das vorgestellte Opfer gerichtet. Das Spiel der Backenmuskeln verriet die gestaute Wut des Fetzers. Danach entwickelte sich die Geschichte weiter.

Die Geschichte des Fetzers
Der Enkel fährt mit seinem auffrisierten Motorrad vor das Haus und tritt dann gegen die Klingel. Er brüllt: "He, Alte, wo bleibt das Bier". Ungeduldig tritt er nochmal gegen die Klingel, bis die Oma kommt und die Tür öffnet. Der Opa sucht immer noch seine Zähne. Die Oma kreischt aufgeregt, weil das Rührei schon ganz verschmort ist, und macht dem Enkel die Türe vor der Nase zu mit den Worten: "Der auch noch!" Sie ruft nach dem Opa, der mit einem Messer kommt. Die Oma fordert das Messer von ihm. Der Opa läßt es fallen und, während er seine Zähne sucht, stolpert er über dieselben und fällt ins Messer. Aus dem verletzten Oberschenkel strömt Blut. Die Oma schreit entsetzt auf, eilt zur Tür und sieht jetzt die Zähne. Sie klagt über die "Sauerei" mit dem Blut, ärgert sich, daß sie jetzt putzen müsse, schimpft auf den Opa ein und holt schließlich die Zähne unter ihm hervor. Der Enkel ist Rettungssanitäter. Er tritt gegen die Tür und stürzt jetzt brüllend herein: "Es reicht jetzt. Wo ist mein Bier? Was ist denn hier los? Opa hast du wieder deine Tage, oder was?" Aber dann sieht er, daß die Verletzung schlimm ist und schreit: "Mord, Mord!" Die Oma holt ein

Handtuch und bindet dem Opa das Bein ab. Der Enkel will den Opa auf den Rücken nehmen, um ihn auf dem Motorrad mitzunehmen. Der Opa ist immer noch mit seinen Zähnen beschäftigt und schreit nach ihnen. Er und die Oma rufen um Hilfe, während der Enkel wieder tobt: "Mord, Mord!"

Die Deutung der Fetzer-Geschichte

Wir belassen die Akteure der Geschichte erst einmal in dieser Situation. Deutlich ist die Energie des Fetzers zu erkennen. Der "Fetzer" stürmt herein, typisch männlich, jugendlich, wie der Frühling, wenn das Grün sprießt. Wenn man diese Geschichte hört oder liest, dann urteilt man an dieser Stelle: "Das ist ja brutal!" Aber der Verlauf der Geschichte ist nicht ungewöhnlich. Nach dem "tranfunzligen" Beginn erscheint jetzt direkt und pur die jugendliche Aggression. Die klare Forderung nach Bier und der Tritt gegen die Klingel sind deutliche Zeichen, daß der Fetzer den weiteren Verlauf der Geschichte bestimmt. Opa selbst ist Opfer seines nicht gelebten Fetzers geworden, er hat seine Zähne, seine Beißkraft verloren und stürzt ins eigene Messer. Er hat seine Fetzerenergie gegen sich selbst gerichtet und sich so schwer verletzt. Anstatt sich mit Oma klar zu konfrontieren, hat er sich selbst verstümmelt. Eine Alternative, die unglücklicherweise viele Männer wählen. Hier, in unserer Geschichte ist die Gewalt nicht überdimensional. Es ist eben einfach so, daß der Fetzer in der Welt der Aggression angesiedelt ist. Blut, Messer, Sturz, Mordversuch, Gewalt - alles ist da, Zerstörung als Prinzip. Der Krieg ist der Vater aller Dinge. Das Motorrad: Symbol jugendlicher Kraft und Beweglichkeit steht bereit, um Bewegung in die Geschichte hineinzubringen.

Der Fetzer stürmt herein, typisch männlich, jugendlich

Die klare Forderung nach Bier und der Tritt gegen die Klingel sind deutliche Zeichen, daß der Fetzer den weiteren Verlauf der Geschichte bestimmt

Das Lästermaul.

Musik und Spiel: Das Lästermaul
Nun spielte ich in kleinen, spitzen, schnellen Bewegungen die Energie des Lästermauls, bewegte mich sehr leichtfüßig und sprach mit gewandter Zunge schnell gestikulierend über Gott und die Welt. Mein Körper war in andauernder Bewegung. Während ich sprach, bewegte ich Arme und Beine zappelnd und schlenkernd. Den Kopf bewegte ich in kleinen, pickenden Bewegungen häufig nach vorne, was die Neugierde des Lästermaules deutlich machen sollte. Das Lästermaul entspricht der energetischen Kraft des Merkur. Nach diesem Spiel entwickelte sich die Geschichte weiter.

Die Geschichte des Lästermauls
Jetzt erscheint die Tante Ursula auf der Bildfläche. Sie hat ihren Hut verloren und kommt mit den Worten zur Tür herein: "Wißt ihr, was passiert ist? Hach, ich hab' meinen Hut verloren - was ist denn hier los? Blut?" Plappernd geht sie zum Telefon, ruft ihre Freundin an und erzählt ihr weitschweifig, wie sie ihren Hut verloren hat und beiläufig, daß der Opa hier im Blut liegt. Plötzlich sieht sie das scharfe Messer liegen und schreit bei dem Anblick auf. Jetzt taucht Waldi, der Hund auf. Waldi nimmt das Gebiß, weil er es für einen Knochen hält, rennt damit in den Garten, vergräbt es und markiert die Stelle. Jetzt kommt Charly, der Enkel, der eigentlich mit dem Opa und dem Motorrad fortfahren wollte und ordert cool: "Tante Ursula, mach' das Gespräch kurz, Baby. Shut up! Wenn du das besser verstehst!" Die Tante ist über diesen Ton entsetzt. Obgleich sich Charly bedrohlich nähert, unterbricht die Tante ihren Wortschwall am Telefon nicht, sondern erzählt weiter, was der

Hund mit dem Gebiß gemacht hat und beklagt sich immer wieder über den Verlust ihres Hutes. Überall herrscht Chaos. Der Oma ist die Hochzeitsfeier vergangen. Charly bewegt sich jetzt mit dem Telefonkabel drohend auf die Tante zu, die Telefonschnur wickelt sich um den Hals der Tante, so daß sie "ruhig gestellt" wird. Charly nimmt das Telefon, legt es der Tante auf den Kopf und bemerkt: "Da hast du deinen neuen Hut." Dann wikkelt er die Schnur wieder ab. Inzwischen hat die Pfanne mit den Eiern auf dem Herd zu brennen angefangen, und es raucht. Die Anwesenden haben Schwierigkeiten zu atmen und hüsteln.

Die Deutung der Lästermaul-Geschichte

Das Lästermaul ist glänzend erfaßt worden. Interessant, daß am Schluß die Flammen züngeln, Feuer qualmt, Rauch entsteht, die Lunge wird gereizt. Eine klare Assoziationskette mit der Energie des Merkur ist entstanden: Atmen und Lunge, zügelloses Geplapper, Unruhe, Neugierde.

Eine klare Assoziationskette mit der Energie des Merkur ist entstanden: Atmen und Lunge, zügelloses Geplapper, Unruhe, Neugierde

Natürlich paßt das Telefon wunderbar zum Lästermaul. Stundenlang werden mit wachsender Begeisterung Gespräche über die kleinen Dinge des Alltags geführt. Die Quasselstrippe ist auch ein schöner Begriff für das Lästermaul. Daß sie vom entnervten Enkel Charly eine Telefonschnur um den Hals gelegt bekommt, zeigt, wie man das Lästermaul gerne zum Schweigen bringen will: durch Luftabdrehen. Unterbrechung des Atems. Ein Telefonhörer als Hut gibt vielleicht einem Modedesigner unter Ihnen eine gute Idee. Das Lästermaul ist das Kellerkind unserer Zeit. Die elektronische Kommunikation treibt Blüten. Weltweit kann man heute jedem immer und sofort und stundenlang sagen, daß man nichts mehr zu sagen hat.

Der Großkotz.

Musik und Spiel: Der Großkotz

Ein Spiel mit großen Gesten und hocherhobenem Haupt. Sehr souverän stolzierte ich über die Bühne, rauchte dabei pantomimisch eine dicke Zigarre und ließ ein lautes, joviales Lachen hören. Meine Gesichtszüge spiegelten um die Mundwinkel eine gewisse Verächtlichkeit gegenüber all jenen, die nicht so erfolgreich sind. Wie würde unsere Geschichte weitergehen?

Die Geschichte des Großkotzes

Jetzt fährt Charlys Vater, ein Firmenboß, mit einem roten Ferrari vor. Er nimmt das Handy und erkundigt sich telefonisch nach dem Stand der Aktien. Als er ankommt, ruft Oma verzweifelt: "Der Opa stirbt!" Der Opa röchelt nur noch, weil er aus der Schlagader blutet, aber er verlangt immer noch nach seinen Zähnen. Der Vater will mit dem Handy den Notarzt anrufen. Doch da kommt ihm die Tante dazwischen, sie will ihm die ganze Geschichte erst erzählen, redet auf ihn ein, so daß der Vater nicht telefonieren kann. Doch schließlich schafft er es, denn er erinnert sich an seinen Namen: Hugo der Boss. Er organisiert einen Hubschrauber, wobei er fordert, daß auch der Chefarzt mitfliegen müsse, da es sich um seinen eigenen Vater handle. Da das nicht so ohne weiteres möglich zu sein scheint, wird Hugo der Boss deutlich: "Noch ein Wort, und ich kauf das Krankenhaus. Dann fliegst du raus Chefarzt, ist das klar? Der Friedhof gehört mir nämlich auch. Da hätte ich noch Platz für dich. Kostenlos! Ist das klar? Ich zähl bis drei: Eins, zwei,..." Mit seinem energischen Auftreten hat er erreicht, daß der Chefarzt jetzt doch mitkommt. Dann telefoniert Hugo der Boss noch mit dem Vatikan - für alle Fälle - und erreicht, daß auch noch der Papst kommt. Der Chefarzt landet mit dem Hubschrauber und verarztet den Opa. Hugo der Boss kommt aus dem Organisieren gar nicht mehr heraus und alarmiert auch noch die Feuerwehr. Bei dem plötzlich ertönenden Horn der Feuerwehr fällt der Oma die Hochzeit wieder ein. Der Opa befürchtet aber, daß das schon seine Totenglocken sein könnten. Hund Waldi bringt die Zähne wieder zurück. Der Opa wird jetzt in den Hubschrauber getragen, doch die Oma protestiert, weil sie zur Hochzeit möchte.

Die Deutung der Großkotz-Geschichte

Der Großkotz hat in der Geschichte seine Charakteristika voll entfaltet. Der Traum der Mächtigen ist, daß alles nach ihrem Willen läuft, daß sie alles so gestalten können, wie sie es wollen, und vor allem, daß sie keinen anderen Mächtigen über sich dulden. In einem wahren Feuerwerk der Machtphantasien befiehlt Hugo der Boss, offensichtlich aus der Industrie kommend, sowohl über kirchliche als auch soziale Institutionen. Es ist der Papst selbst, den er bestellt. Wir haben hier ein deutliches Bild, wie weit heute das Machtdenken den Menschen im Firmen- und Industriewesen zugeordnet wird, und noch etwas fällt auf: Jede seiner Entscheidungen sind ein reines Machtspiel geworden. Es geht ihm gar nicht mehr darum, für den Verletzten eine optimale und vor allem schnelle Versorgung zu bewirken, sondern er will sich einfach nur durchsetzen. Es wirkt wie ein Abbild des heutigen Politikers, der außer seiner Wiederwahl nichts mehr im Sinne hat.

Die Charakteristika des Großkotz: alles läuft nach seinem Willen, und er duldet keinen anderen Mächtigen über sich

Das Flittchen.

Musik und Spiel: Das Flittchen

Als Flittchen bewegte ich mich mit geschmeidigen, grazilen Bewegungen und entfaltete so eine hohe Erotik. Hüftwackelnd ging ich über die Bühne, fuhr mir durchs Haar, spielte mit der Zunge an den Lippen und war andauernd damit beschäftigt, meine leicht verrutschte Kleidung mit unauffälligen aber höchst wirkungsvollen Griffen in optimale Paßform zu bringen. Dauernd mit meiner erotischen Ausstrahlung beschäftigt, reizte ich das Publikum sehr zum Lachen. Die Geschichte wollte sich weiterentwickeln.

Die Geschichte des Flittchens

Aus dem Hubschrauber steigt eine Krankenschwester aus, im hautengen Kittel, ohne darunter bekleidet zu sein. Charly macht sich sofort an sie heran: "Hey Baby, hey Puppe, hey bad Baby!" Sie fragt ihn ziemlich kühl: "Kann ich irgendwie helfen?" Er geht auf sie zu und - plötzlich erwacht der Opa wieder, weil ständig an seinem Oberschenkel und zwischen seinen Beinen herumgefummelt wird, und schreit: "Die ist was für mich!" Die Oma eilt mit der Unterhose für den Opa herbei, und Opa bemerkt mit einem Mal, daß er gar nichts an hat. Die Krankenschwester zieht ihren Kittel aus und deckt den Opa damit zu. Die Oma ist darüber entsetzt und fängt an zu kreischen. Opa ist unwillig, versteht nicht, warum er zugedeckt wird. Hugo der Boss und sein Sohn Charly fangen an, sich um die Krankenschwester zu prügeln, wobei der Sohn bemerkt: "Du bist zu alt für die coole Mieze!" Tante Ursula ereifert sich über die ganze Geschichte, indem sie ausschweifend am Telefon einfach alles erzählt, was sie gerade sieht, und das hört sich reichlich absurd an. Die Krankenschwester steht immer noch nackt und schön da. Da ergreift die Oma das Hochzeitskleid und zieht es ihr über. Jetzt erscheint die Feuerwehr, holt die Pumpe und den Schlauch heraus und spritzt alles voll. Hugo der Boss wird durch den Strahl von hinten an die Wand gedrückt, dort wo die Tante telefoniert. Der Schlauch gewinnt eine gefährliche Eigendynamik, wälzt sich in den Garten hinein, wo das Gebiß liegt, und durch den Wasserstrahl wird das Gebiß in die Höhe befördert.

Die Deutung der Flittchen-Geschichte

Das Flittchen ist ein sehr aktives und verdrängtes Kellerkind. Jeder Mensch möchte sich der Liebeslust hingeben, und versucht vieles, um dies zu erreichen. In dieser Geschichte finden wir das Flittchen sehr deutlich gekennzeichnet: eine Krankenschwester mit engem Kittel und nichts darunter. Als doppelte Dienerin, sowohl dem Arzt als auch dem Kranken gegenüber, ist die Krankenschwester prädestiniert dafür, die männliche Phantasie zu beflügeln. Mit ihrem Erscheinen werden alle drei Männer aufs Höchste aktiviert. Opa macht sich Hoffnung, Vater und Sohn prügeln sich und erniedrigen die Krankenschwester zur Trophäe. Sogar Oma ist entsetzt und hüllt den schönen Körper in ein Hochzeitskleid. Oma duldet Schönheit nur im Brautkleid. Wo so viel Liebeszauber und Liebesfeuer entfacht wird, darf die Feuerwehr mit Pumpe und Schlauch nicht fehlen.

So ist das eben: Wenn Flittchen kommt, dann wird auch bald der Schlauch hervorgeholt und hüpft wahllos in der Gegend herum.

Das Flittchen ist hier deutlich gekennzeichnet: eine Krankenschwester mit engem Kittel und nichts darunter

Der Geizhals.

Musik und Spiel: Der Geizhals

Zu der schweren Musik spielte ich einen alten, verkrampften Mann, der sich mühselig vorwärtsbewegt. Hände und Finger sind gichtgekrümmt, die Augen fast zugekniffen, ein Bein zog ich beim Gehen nach. Alles wirkte schwerfällig. Ängstliche Seitenblicke sollten zeigen, daß auch das Wenige, was ich noch zu besitzen vorgab, bedroht erschien. Deutlich war die Betroffenheit im Publikum zu spüren. Angst vor Krankheit, Verkrüppelung und Tod lag in der Luft. Schwerfällig entwickelte sich die Geschichte weiter.

Die Geschichte des Geizhals

Der Papst erscheint. Er nimmt ein Kreuz und schlägt damit auf den Schlauch ein, um das Wasser abzustellen. Der Schlauch rollt sich sofort zurück, so daß das Wasser versiegt. Der Papst verlangt zunächst einmal das Testament. Er möchte wissen, was er geerbt hat, denn die katholische Kirche braucht viel Geld. Er stellt sich die Frage, warum er vom Vatikan hierher gekommen sei. Die Antwort hat Oma prompt parat: "Wir wollen doch heiraten." Die Oma deutet auf die Krankenschwester und klagt, daß die das schöne Brautkleid anhabe, und daß das inzwischen ganz naß sei. Der Papst entrüstet sich darüber, dann küßt er den Boden. Nun richtet sich der Opa auf und glaubt, er wäre im Himmel. Der Papst liegt vor ihm auf dem Boden, genau auf seinem Gebiß. Opa glaubt nun fest, daß er im Himmel sei. Nun spricht Hugo der Boss ein Machtwort und klärt die beiden darüber auf, daß sie nicht im Himmel, sondern in Bayern seien. Die Krankenschwester zieht das nasse Brautkleid aus, das Oma dann energisch zurückfordert. Beim Anblick der nackten Schönen schreit der Papst, der aufgeschaut hatte, entsetzt und küßt wieder den Boden. Daß die schöne, nackte Frau vor ihm steht und der Papst zu seinen Füßen liegt, ist für Opa hingegen ein sicherer Beweis dafür, daß er wirklich im Himmel ist.

Die Deutung der Geizhals-Geschichte

Der Schlag des Papstes mit dem Kreuz auf den spritzenden Schlauch zeigt schmerzhaft deutlich und überklar die Lustfeindlichkeit der Kirche. Der Schmerz des Verbotes der befreienden Sexualität sitzt tief im Herzen christlich erzogener Menschen, so daß es immer wieder Thema wird. Ansonsten interessiert den Papst nur noch, wieviel die Kirche geerbt hat. Ihn interessiert nicht Seelenheil, sondern einfach nur Geld. Es ist also offensichtlich, daß der Papst jetzt die Energie des Geizhalses lebt. Opa, der vielleicht auch als Geizhals hätte entdeckt werden können, ist schon nicht mehr ganz in dieser Welt zu Hause. Er glaubt sich bereits im Himmel. Die Schöne ist wieder nackt und pur, die Oma fordert das Kleid zurück. Ihre Großzügigkeit ist vorüber. Die teilweise ausufernde Geschichte erhält jetzt klare Strukturen. Es ist deutlich spürbar, daß sich das Ende der Geschichte anbahnt.

Die Figur des Papstes trägt in der Geschichte deutlich die Energieform des Geizhalses

Der Binnix.

Musik und Spiel: Der Binnix

Den Binnix spielte ich sehr klein, schüchtern und verloren. Die tiefe Verunsicherung des Binnix stellte ich dar mit wirrem Blick und unsicheren Händen, die nicht wußten, was sie tun sollten. Immer wieder flackerten meine Augen sehnsuchtsvoll auf und immer wieder zeigte ich mit gesenktem Haupt und hängenden Schultern, daß eine Enttäuschung nach der anderen mich immer mehr in die Enge treibt. Das Publikum wirkte sehr betroffen und es dauerte eine Weile, bis die Geschichte wieder in Schwung kam.

Die Geschichte des Binnix

Der Opa stirbt mit den Worten: "Ich hab's nicht mehr geschafft." Der Papst gibt ihm die letzte Ölung und legt sich resigniert auch dazu. Das Gebiß wird Opa noch mit ins Grab gelegt, und die Putzfrau räumt auf. Auch die Frau von Hugo dem Boss, Margarethe, taucht auf. Sie ist nur mit ihren ganz eigenen Interessen beschäftigt, kümmert sich wenig um die Situation, nimmt den Autoschlüssel und fährt mit dem Ferrari zum Friseur. Ihren Mann läßt sie zurück, der diskutiert mit dem Chefarzt über Aktien. Die Oma zieht sich das Hochzeitskleid über, versinkt in alten Erinnerungen, träumt noch einmal den unerfüllten Traum ihrer Jugend, setzt sich dann aufs hochfrisierte Motorrad und braust ab in die Stadt, um dort alleine zu heiraten. Für Charly und die Krankenschwester ist nun der Weg frei. Der Papst erhebt sich im Hintergrund noch einmal kurz aus dem Grab und macht eine Geste. Man kann aber nicht genau erkennen, ob es ein Segen ist oder die letzte Ölung.

Die Deutung der Binnix-Geschichte

Der Binnix ist deswegen eine so schwierige Figur, weil jeder von uns vor seinem Erscheinen Angst hat. Jeder kennt das schreckliche Gefühl, wenn plötzlich das Selbstwertgefühl wegbricht. In jeder neuen und ungewohnten Situation tauchen zunächst Ängste auf und aktivieren den Binnix. Der Binnix ist von einer unendlichen Sehnsucht nach Lebenslust und Lebensfreude erfüllt. Diese Sehnsucht ist gepaart mit dem schrecklichen Gefühl, daß sie unerfüllt bleiben könnte.

Der Binnix ist von einer unendlichen Sehnsucht nach Lebenslust und Lebensfreude erfüllt

In unserer Geschichte ist es Zeit für Opa, abzutreten. Nachdem der Papst die Geizhalsenergie an sich gerissen hat, bleibt für Opa nichts mehr übrig, und er entwickelt sich zum Binnix. Opa kann den Tod anfangs nicht wahrnehmen, er fühlt sich im Himmel, aber dann muß er die Grenze spüren: "Ich hab's nicht geschafft." Düster bleibt dieser Satz als Aussage eines Lebens, das das Ziel nicht erreicht hat.

Der Binnix ist die tragische Figur, weil sie versucht zu verbinden, was sich nicht verbinden lassen will: die Energie, die zwischen Mann und Frau entsteht. Das Kellerkinderenneagramm zeigt, daß wir die volle Lebensfreude nur erlangen können, wenn wir die Kraft haben, unsere männlichen und weiblichen Seiten zu versöhnen. In unserer Geschichte geschieht das nur halbherzig mit Charly und der Krankenschwester. Der scherzhaft gemeinte Schluß zeigt, daß keiner so recht an ein Happyend glaubt. Die unklare Geste des Papstes legt die letzte Ölung, mit der das einzige Paar der Geschichte verabschiedet wird, näher als ein glückliches Hochzeitsfest. Alle anderen gehen gänzlich leer aus, bleiben ohne Hoffnung und ohne Liebe. Ein typischer Binnix-Schluß.

Der Binnix ist die tragische Figur, weil sie versucht zu verbinden, was sich nicht verbinden lassen will: die Energie, die zwischen Mann und Frau entsteht

Nachbetrachtung.

Zugegeben, die Kommunikationstheatergeschichte ist weder dramaturgisch außergewöhnlich, noch in der Idee ausgesprochen kreativ, aber das war auch nicht das Ziel des Abends. Der herzliche und heftige, minutenlange Applaus galt am Ende einem außergewöhnlichen Anspruch, der erfüllt wurde: Menschliche Grundtypen wurden anhand eines gemeinsamen Theaterereignisses vorgestellt und sofort anhand eines gemeinsamen Spiels weiter ausgelotet und vertieft.

Menschliche Grundtypen wurden anhand eines gemeinsamen Theaterereignisses vorgestellt und sofort anhand eines gemeinsamen Spiels weiter ausgelotet und vertieft

Ich hatte dem Publikum viel zugemutet: zuerst den theoretischen Vortrag über die Entwicklung der sieben Kellerkinder, dann das beeindruckende Spiel mit Musik, dann übergangslos die Kommunikationstheatergeschichte, die die volle Aufmerksamkeit forderte, und schließlich die Deutung. Das Ganze wiederholte sich sieben Mal. Doch es hatte sich für alle gelohnt. Konkret fühlbar waren die sieben Energien der Kellerkinder anwesend gewesen und hatten zur Konfrontation eingeladen. Jeder einzelne hatte sich hier und da wiedererkannt und hatte sich neben all dem Spaß und Gelächter des Abends wertvolle Gedanken über sich selbst machen können.

Neben all dem Spaß und Gelächter des Abends hatte sich jeder wertvolle Gedanken über sich selbst machen können

Damit jene, die sich mit den sieben Kellerkindern weiterhin intensiv auseinandersetzen wollen, Gelegenheit haben, diesen Abend nachzuholen, sind hier sieben Tagebuchblätter angefügt, die es dem Interessenten ermöglichen, sich mit den Energien der sieben Kellerkinder zu konfrontieren und so mehr über die eigenen Kellerkinder zu erfahren.

Übungsteil.

1. *Ich höre die Tranfunzelmusik und spiele anschließend die „Tranfunzel Geschichte“ spontan nach. Ich beobachte mich während des Spiels aufmerksam.*

   Bitte beschreiben Sie ausführlich, welche körperlichen, gestischen und stimmlichen Eigenheiten Sie entwickelt haben, um die Tranfunzelenergie darzustellen.

2. *Ich höre die Fetzermusik und spiele anschließend die „Fetzer Geschichte“ spontan nach. Ich beobachte mich aufmerksam.*

   Bitte beschreiben Sie ausführlich, welche körperlichen, gestischen und stimmlichen Eigenheiten Sie entwickelt haben, um die Fetzerenergie darzustellen.

3. *Ich höre die Lästermaulmusik und spiele anschließend die „Lästermaul Geschichte“ spontan nach. Ich beobachte mich aufmerksam.*

   Bitte beschreiben Sie ausführlich, welche körperlichen, gestischen und stimmlichen Eigenheiten Sie entwickelt haben, um die Lästermaulenergie darzustellen.

4. *Ich höre die Großkotzmusik und spiele anschließend die „Großkotz Geschichte" spontan nach. Ich beobachte mich aufmerksam.*

Bitte beschreiben Sie ausführlich, welche körperlichen, gestischen und stimmlichen Eigenheiten Sie entwickelt haben, um die Großkotzenergie darzustellen.

5. *Ich höre die Flittchenmusik und spiele anschließend die „Flittchen Geschichte" spontan nach. Ich beobachte mich aufmerksam.*

Bitte beschreiben Sie ausführlich, welche körperlichen, gestischen und stimmlichen Eigenheiten Sie entwickelt haben, um die Flittchenenergie darzustellen.

6. *Ich höre die Geizhalsmusik und spiele anschließend die „Geizhals Geschichte" spontan nach. Ich beobachte mich aufmerksam.*

Bitte beschreiben Sie ausführlich, welche körperlichen, gestischen und stimmlichen Eigenheiten Sie entwickelt haben, um die Geizhalsenergie darzustellen.

7. *Ich höre die Binnixmusik und spiele anschließend die „Binnix Geschichte" spontan nach. Ich beobachte mich aufmerksam.*

Bitte beschreiben Sie ausführlich, welche körperlichen, gestischen und stimmlichen Eigenheiten Sie entwickelt haben, um die Binnixenergie darzustellen.

Nachwort.

Es sei an dieser Stelle nochmals erwähnt, daß die Arbeit mit den sieben Kellerkindern, oder besser gesagt, die Erziehung der sieben unerzogenen Kellerkinder, eine Arbeit ist, die jeder mit und an sich selbst durchführen muß.
Genau wie die Erziehung von Kindern ist die Erziehung der sieben Kellerkinder eine ausgesprochen langwierige und von Rückschlägen geprägte Arbeit. Doch genau diese Schwierigkeit gibt dieser Arbeit an sich selbst jene Glaubwürdigkeit, die die Grundlage eines späteren Erfolges ist.
Immer wieder in den vielen Kursen, die ich zu diesem Thema gebe, werde ich von Menschen, die in unglücklichen Liebesbeziehungen stehen, gefragt, wie man beim Partner ein Kellerkind umerziehen kann. Ich werde nicht müde, darauf hinzuweisen, daß es der erste Schritt ist, die eigenen Kellerkinder zu erziehen, d. h. sie genau dann aufzuspüren, wenn sie im Tagesgeschehen die Initiative übernehmen wollen oder, wie ich im Vorwort formuliert habe, einen unbemerkt überrumpeln wollen.
Damit diese Arbeit des Aufspürens der eigenen Kellerkinder schwungvoll vorangehen kann, habe ich die CD "Die sieben Kellerkinder®" als Tanzmeditation entwickelt. Das "Durchtanzen" dieser sieben Lieder ermöglicht immer wieder eine lohnende Begegnung mit den eigenen sieben Kellerkindern.
Außerdem finden im deutschen und englischen Sprachraum zahlreiche Kurse statt, die es unter Leitung eines erfahrenen Trainers ermöglichen, die eigenen Kellerkinder zu entdecken und mit liebend sicherer Hand zu erziehen.

Der Galli Verlag

Der Galli Verlag - Lehr- und Lernmaterial.

Wenn Sie, liebe Leserin, lieber Leser, bis hierher lesend vorgedrungen sind, so werden Sie sich wahrscheinlich neugierig fragen, welche weiteren Möglichkeiten es im Rahmen der Galli Methode® gibt, um kreativ und spielerisch an der eigenen Persönlichkeit und Ausdrucksfähigkeit zu arbeiten. Deshalb ist es sinnvoll, nochmals in Erinnerung zu bringen, daß das vorliegende Galli Script "Die sieben Kellerkinder® - Erster Band: Die Entdeckung der Kraftquelle" ein Baustein eines viel weiter angelegten Übungsfeldes ist: "GAME - die Galli Methode®" (Siehe S. 102).
Da die Methode lebendig ist, und Johannes Galli sie ständig weiter entwickelt, wird GAME vom Galli Verlag als Loseblattsammlung mit vierteljährlichen Ergänzungslieferungen herausgegeben.
Der Galli Verlag wurde im Jahre 1985 von Johannes Galli mit dem Ziel gegründet, hauptsächlich unterstützendes Lehr- und Lernmaterial für diejenigen zu produzieren, die Elemente der Galli Methode® in ihren Beruf integrieren oder die Galli Methode® zum persönlichen Wachstum regelmäßig weiter nutzen wollen.
Inzwischen werden die vielfältig einsetzbaren Produkte in der Erwachsenenbildung, in Kunst und Kultur, im pädagogischen, therapeutischen und heilkundlichen Bereich und vor allem in nationalen und internationalen Unternehmen und Gesellschaften eingesetzt, um die Kommunikationsfähigkeit und Kreativität der Mitarbeiter zu erhöhen. Eine Auswahl aus dem Programm des Galli Verlags finden Sie auf den folgenden Seiten.

Johannes Galli/Michael Summ

CD 'Die sieben Kellerkinder®'

J. Galli/M. Summ
Die sieben Kellerkinder®
Gesamtlänge 42:33 Min
ISBN 3-926032-77-4
1. Auflage 1997

Die CD "Die sieben Kellerkinder®" aus der Reihe "Sieben Tanzmeditationen" wurde von Johannes Galli entwickelt und gemeinsam mit dem Musiker Michael Summ komponiert. Mit der CD „Die sieben Kellerkinder®" finden Sie einen lebendigen Zugang zur Vielfalt der menschlichen Temperamente und deren Energien. Die Musikstücke lassen die sieben Kellerkinder lebendig werden. Wer sich tänzerisch in die sieben Kellerkinder hineinbegibt, macht eine tiefe eigene Erfahrung und kann das persönliche Wachstum seiner kreativen Kräfte voranbringen.

Weiters sind in der Reihe "Sieben Tanzmeditationen" erschienen:

Bewegung
Schmetterling
Tiere
Mythos Mensch
Eigener Tanz
Clown

Das Plakat "Die sieben Kellerkinder® als Kraftquelle" *ist ebenfalls im Galli Verlag erhältlich; 4-Farb Druck, A1*

Die Tanzmeditationen sind ein Begleitprogramm zu "GAME - Die Galli Methode®". Dort finden Sie eine detaillierte Anleitung zur Durchführung der Tanzmeditationen - aber auch einfach nur aus Spaß an der Bewegung getanzt bringen die Tanzmeditationen viel Freude.

Johannes Galli

GAME - Die Galli Methode®

In GAME beschreibt Johannes Galli Entwicklung, Grundlagen, Inhalte und Anwendung der Galli Methode®. Spannende Aufsätze, Übungsblätter und Anwendungsbeispiele helfen, kommunikative und kreative Fähigkeiten zu verbessern, und geben konkrete Tips für den privaten und beruflichen Alltag. Viele Prozesse in der Kommunikation und der eigenen Gefühlswelt werden plötzlich mit neuen Augen gesehen und neue Blickwinkel öffnen sich. Kreativität, Spiel- und Experimentierfreude werden durch das Lesen und die Anwendung von GAME angeregt und sind gleichzeitig ein Garant für Erfolg im beruflichen und privaten Alltag.

Eine wesentliche Zielsetzung ist es, die Fähigkeit des Menschen, sich selbst zu spielen und in verschiedene Rollen zu schlüpfen, zu fördern. Dadurch wird das persönliche Rollenrepertoire erweitert und das Selbstbewußtsein gestärkt.

Mit der Galli Methode® lassen sich Konflikte auf jeder Ebene des menschlichen Seins erfassen, deuten und spielerisch Lösungen entwickeln.

Die Galli Methode® ist somit mehr als eine didaktische Methodik – sie ist ein Weg, der in verschiedenen Lebensbereichen ganz natürlich zum Erfolg führt:

- in Körpersprache-, Kommunikations-, Persönlichkeits- und Motivationstrainings
- in der Organisations- und Unternehmensberatung
- im Gesundheitsbereich als Heilmethode
- als Grundlage einer neuen Pädagogik
- in Kunst, Kultur und Theater
- als Zukunftsforschung
- zur Förderung interkultureller Kommunikation.

Da die Galli Methode® ständig weiterentwickelt wird, wird das Loseblattwerk im Abonnement vertrieben, d.h. das Grundwerk wird alle drei Monate mit Ergänzungslieferungen (à 60 Seiten) fortgesetzt.

Aus dem Inhalt

Das wirkliche Theater
Geschichtenerzählen
Kommunikationstheater
Die Wandeltreppe
Die Körpersprache
Der Clown als Heiler
Die Weisheit des Körpers
Körper in Bewegung (Tanzmeditationen)
Die eigene Körpersprache
Die Sprache der Gefühle
Der Künstler in uns
Die Kellerkinder
Der eigene Clown

Galli, Johannes
GAME-Grundwerk im Abonnement
(Das Grundwerk umfaßt momentan 3 Ordner mit 1080 Seiten; Stand Juni 99)
ISBN 3-926032-43-x
Vierteljährliche Ergänzungslieferungen mit je 60 Seiten.

Johannes Galli

Galli Script

Als hilfreiche Begleiter in Beruf und Alltag werden einzelne Kapitel aus Johannes Gallis Methodikwerk "GAME - Die Galli Methode®" in der Handbuchreihe Galli Script veröffentlicht.

"Doch gerade bei näherer Betrachtung entpuppt sich der Clown als entschiedener Sucher und Spieler menschlicher Wirklichkeit. Die Erkenntnis der eigenen Wirklichkeit ist Kern jeder Heilung." (aus: Der Clown als Heiler)

Der Clown als Heiler, 1. Auflage 1999
ISBN 3-926032-65-0, 80 Seiten

"Trotz der gigantischen weltweiten Vernetzung und des irrsinnigen telekommunikativen Fortschritts, der sich zum Ausgang des zweiten Jahrtausends vollzieht, ist es immer wieder nötig, auf die älteste und effektivste Kommunikationsmöglichkeit hinzuweisen: Geschichtenerzählen!" (aus: Dynamisches Erzählen)

Dynamisches Erzählen, 1. Auflage 1999
ISBN 3-926032-50-2, 74 Seiten

"Eine ungeahnte Kreativität steht dem zur Verfügung, der die Körpersprache bewußt in seiner Kommunikation beachtet und erfolgreich anwendet." (aus: Körpersprache und Kommunikation)

Körpersprache und Kommunikation, 2. Auflage 1999
ISBN 3-926032-83-9, 80 Seiten

"Meine Methode "Die sieben Kellerkinder®" ist die Antwort auf die Frage, wie man das in sich selbst erfassen kann, das einen im Alltäglichen genau immer dann überrumpelt, wenn man sich nicht überrumpeln lassen will, und das dafür verantwortlich ist, daß man immer woanders hinkommt, als dahin, wo man ursprünglich hinwollte." (aus: Die sieben Kellerkinder® - Erster Band: Die Entdeckung der Kraftquelle)

Die sieben Kellerkinder® - Erster Band: Die Entdeckung der Kraftquelle, 1. Auflage 1999, ISBN 3-926032-80-4, 104 Seiten